小学館文庫

自転車の教科書

堂城 賢

小学館

Textbook of the bicycle

自転車の教科書

堂城 賢

Takagi Masaru

やまめの学校
公式ガイドブック

自転車の教科書　目次

はじめに

なんで自転車の学校なのに「やまめ」なの？

そのようなことをよく訊かれるのですが、やまめの学校がある安曇野《あずみの》という場所の景色を思い浮かべてもらうと、なんとなく「やまめ」のネーミングの由来が理解していただけるかと思います。

やまめの学校がある場所は、安曇野でも山際の穂高有明《ほたかありあけ》というところです。北アルプスの麓に位置する穂高有明には、透き通った雪解け水が流れる川や、豊富に湧き出る地下水が多くあり、「きれいな水が豊富な土地」であるといえます。

「やまめ」という魚は、きれいな水にしか棲まない日本にしかいない渓流の魚です。やまめがたくさん川の中を泳いでいる土地を思い浮かべてもらえたなら、学校がどんな場所にあるのかをイメージしてもらえるのではないかと思い、「やまめの」学校と名づけました。

自転車の学校である「やまめの学校」と、自転車の工房である「やまめ工房」は、きれいな山と水の豊富な土地にあります。

僕は子供の頃から魚釣りが大好きで、魚を釣りに行くための「足」として自転車に乗り始めました。

子供の頃から大好きな魚である「やまめ」と、今住んでいる場所。

僕にとって「やまめ」は、切っても切れない「縁」で結ばれているのでしょう。

北海道に住んでいた高校生の頃は、ランドナーに乗って駅で寝ながら北海道じゅうを旅しました。

その後MTB（マウンテンバイク）の選手として約20年、日本全国を転戦してきました。

こんなに長い間選手を続けることができたのは、きっと「旅」が好きだったからなのでしょう。

選手として日本全国を転戦することはなくなりましたが、今はやまめの学校で、家族と一緒にキャンピングカーに乗って日本全国を「旅」しています。

自転車に乗って走ることを仕事としていた「走るプロ」の時代を経て、「教えるプロ」としてやまめの学校を始めました。

どのようにすればスポンサーに「費用対効果」を返すことができるのかを考えていた選手時代と、どんなふうに教えれば、お金をたくさん使ってやまめの学校に自転車の乗り方を習いに来てくれる生徒さんに「費用対効果」があったと感じていただけるのか…。

やっていることは違えど、プロとして「費用対効果」を考えることはまったく変わっていません。

この本を手に取ってくださった方々にも、「費用対効果」があったと思っていただけますと幸いです。

やまめの学校が教える「自転車の教科書」が、皆さんの悩みを解決する糸口となり、自転車に乗ることが今よりももっと楽しく、豊かなものになればと願っています。

堂城　賢（たかぎ　まさる）

第一章

やまめ式自転車の乗り方

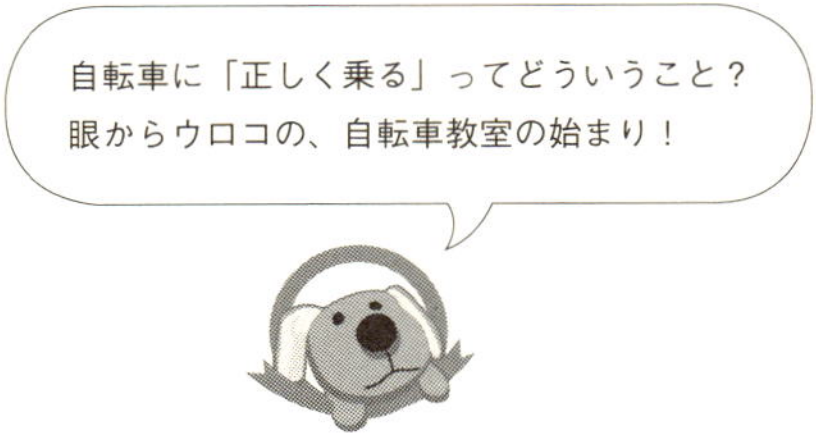
自転車に「正しく乗る」ってどういうこと?
眼からウロコの、自転車教室の始まり!

1 自転車に「ちゃんと」乗れていますか？

自転車に「ちゃんと」乗れていますか？　これが「やまめの学校」で最初にする質問です。自転車なんて、子供の頃から乗っているから「乗れているよ！」と答える人。いやいや、僕は車道を走るのも怖いし、よく転ぶから「乗れていない…」と答える人もいます。

「乗れている」「乗れていない」の答えを出す前に、もう一度よく考えてくださいね。そもそもどんなことができると「ちゃんと乗れている」ことになるのでしょう。自転車に乗る上で、最も基本となる動作は、「走る」「曲がる」「止まる」の三つではないでしょうか。じゃあ、この三つができれば、「ちゃんと乗れている」ことになるのですね!!

否っ！！！

「走る」「曲がる」「止まる」の前に、「ちゃんと」という言葉をつけてみてください。「ちゃんと」を「正しく」という言葉に代えてみるとより分かりやすいかもしれませんね。「正しく」走る、曲がる、止まる。

あなたはどのような走り方が「正しい」のか知っていますか?

どのような曲がり方が「正しい」のでしょうか?

どのように止まるのが「正しい」のでしょうか?

「正しい」というからにはなぜこれが正しいのかという理由がなくてはいけませんね。

これから始まる「自転車の教科書」には、「ちゃんと」乗るためにしなくてはいけないこと、してはいけないことの「理由」が書いてあります。当たり前のことだとは思いますが、「理由」が理解できれば、「なぜそうしなければいけないのか」ということも、納得してもらえると思うからです。

「基本」は、背中まっすぐの「おじぎ」の姿勢

僕が教えている自転車の乗り方は**「おじぎ乗り」**と言います。**「背中をまっすぐにした『おじぎ』の姿勢」**で乗ることです。皆さんが一番知りたがっているハンドルやサドルの位置、つまり「自転車のポジション」は、おじぎの姿勢をしたまま、手を前に振った軌道にハンドル、お尻の位置の下にサドルとなります。

たったそれだけです。

今から教えていくことは、たったこれだけの「理由」を説明していくことなのです。

背中まっすぐの「おじぎ乗り」は皆の知りたいポジションの考え方もシンプル！

こんなに違う！背中まっすぐおじぎの姿勢（②）と背中を丸めた猫背の姿勢（①）。

でも今まで本や雑誌で右ページ❶のような姿勢で乗りなさいと書いてあるのを見たことはありませんか？

僕は❷のような姿勢で乗っています。この乗り方、どこかで見たことがあるような気がしませんか？

ツール・ド・フランスやパリ・ルーベなど、ヨーロッパのレースでも、最近このように背中を丸めないで乗る選手が非常に多く見受けられるようになりました。二つの乗り方にはどんな違いがあるのでしょうか？

「剛」より「柔」の乗り方を目指そう

突然ですが…皆さんこれから歳をとりますよね？　今から5年後、10年後のほうが今よりも楽に速く走れたら素敵だと思いませんか？　生涯スポーツなんて言葉がありますが、ずっと自転車に乗り続けることができたら本当に最高だと思いませんか？　でもね皆さん、歳をとっていくということは、体力や筋力も徐々に落ちていくということなんですよ…。

「柔」と「剛」という言葉があります。しなやかな動きを連想させる「柔」、力強さを連想させる「剛」。この二つの言葉は、まったくの対極にある言葉です。

僕が理想としているイチロー選手は「柔」の代表であると僕は考えます。

身体の柔軟性を生かした身のこなし、何度も何度も繰り返し行う「基礎練習」。長年変わらず維持し続けている体型や故障しない身体。あのしなやかな身のこなしは「華麗」という言葉がピッタリではないでしょうか?

同じ野球選手でも、「剛」の動きの選手もいます。力でねじ伏せるような動きをするためには、当然筋力も必要ですし、それに見合ったごつい身体を作る必要があります。ただ、年齢と共に筋力は落ちてゆくわけですから、いつか限界を迎えるのが「剛」の動きだと僕は考えます。

「柔」だった身体を「剛」に作り変えてから怪我が増えたり、不振に陥ったり…素晴らしい選手が長く競技を続けられなくなった…。そうした選手の話を耳にするととても残念に思います。

しなやかな身体を作る「柔」、ごつい身体が必要な「剛」。相反する身体の作り方をして、「柔」と「剛」の良いとこ取りはできません。自転車は生涯スポーツであると言い切るのであれば、「剛」ではなく「柔」の動きや身体作りが必要だということです。

やまめの学校で教えているのは「柔」の動きと身体の使い方です。

「柔」の自転車の乗り方ができるようになれば、ペダルを力いっぱい踏み込まなくてもクランクが勝手に回るようになったり、カーブを曲がるときや信号で止まるときにも自転車の状態が安定します。

もちろんそれができるようになるには、**「基礎練習」「反復練習」「ストレッチ」**といった、地味な練習が必要になりますが、自転車で上達していく過程は他のどんなスポーツよりも奥が深く、必ず「うれしい」「楽しい」と感じることができます。

常に**「安全に、楽に、速く」**走れる自転車の乗り方。5年後、10年後に、今よりも上手に走れるようになること。これが「柔」の自転車の乗り方で目指す理想です。地味な練習をこつこつ積み重ねていけば、必ず誰でも「ちゃんと」自転車に乗ることができるようになりますし、「長く」自転車に乗り続けることができるようになります。

僕は自転車に乗る人を増やしたいのではなく、自転車に「正しく」乗れる人を増やしたいのです。

では、「ちゃんと」乗れるようになるためのお話をしていきましょうか!!

2 29インチのMTBが教えてくれたこと

僕はマウンテンバイクのプロの選手でした。これからマウンテンバイクのお話をしますが、ロードバイクに乗っている人にとっても、とても大切なお話です。しばらくおつき合いください。

「ちゃんと」乗らなければメリットは生かせない

僕はゲイリー・フィッシャーが車輪の径の大きな29インチのマウンテンバイクを世に出したときから「29インチは最高だ!!」と言い続けています。そして29インチのマウンテンバイクに乗ってレースを走り続けました。

これだけは知っておいてください。僕は29インチのマウンテンバイクを皆さんに知ってもらうために、誰よりも努力をした人間だということ。

でも当時は周りの皆さんに結構ボロカスに言われました。「どうせすぐになくなるよ」「日本人には合わない」「日本のトレイルには不向きだ」「スポンサーの関係で乗らされてかわいそうに…」。29インチが認められた今とは大違いですね。

メーカーのカタログには29インチのメリットがいろいろ書かれています。たとえば、「車輪が大きいので障害物を乗り越えやすい」「慣性がつきスピードが出る」「半径が大きいので、ハブの位置が高くBB（ボトムブラケット）の位置が低くなるため低重心だ」等々。

果たしてそれは本当なのでしょうか？

僕はカタログに謳っているメリットをキッパリ否定します。

なぜならば、29インチのメリットは「ちゃんと」乗らなければ、まったく感じ取ることができないからです。

もし腕をガチガチに突っ張っている人が障害物に当たったらどうなのでしょうか？ やたらと前や後ろに荷重を掛けていたならどうなのでしょうか？ そんな状態で障害物に当たれば、前転したり後輪が引っ掛かったりするのではないですか？

障害物を越える際には、衝撃をしなやかに吸収する、柔らかく動く腕という「上半身」と、膝・股関節という「下半身」が絶対に必要です。

車輪が大きいから障害物を乗り越えやすいというのは、人が乗っていない状態で荷重を掛けずに押していったときのお話で、あくまでも紙の上でのお話です。

慣性がついてスピードが出るというのも、地面にタイヤを押しつけるような走り方をしていてはまったく感じることができません。これも、ぶら下がっている車輪を、荷重を掛けずに回したときのお話ですね。

低重心だというのも紙の上でのお話です。なぜならば、自転車の重さは10キロくらいだとして、上に乗っている人の重さが70キロ…。どう考えても自転車という乗り物は、重心が高い乗り物なのです。もし低重心にしたければ、人間自身が「低重心の姿勢」を取らなければそうはなりません。自転車が軽くなればなるほど重心が高くなるのが自転車の難しいところですね…。

「ちゃんと」乗ることができなければ、29インチのメリットは「紙の上だけの話」になってしまいますが、「ちゃんと」乗れると、このメリットをすべて生かすことができるのです。当たり前ですが、やはり「ちゃんと」乗れなければいけません。

どうすれば29インチのマウンテンバイクを乗りこなすことができるのだろうか？どう乗れば、29インチのマウンテンバイクのメリットを生かすことができるのだろうか？

29インチを「ちゃんと」走らせるために、僕がやってきたこと、気がついたことが、「やまめの学校」で教えている自転車の乗り方の原点になっています。ですから、ロードしか乗っていない人にも、このお話は知っておいてもらわなければならないのです。

3 自転車の真ん中に乗ろう

「自転車の真ん中ってどこですか？」これも、やまめの学校に来た生徒さんに必ず訊いている質問です。僕の訊いている「真ん中」は、持ち上げたときに前後の重さの釣り合いが取れたところではありません。どこかとどこかの間のことです。さて、どこが自転車の真ん中なのでしょうか？

　やまめのロードの学校に参加された人の多くは、迷わずＢＢ、つまりクランクのつけ根を指差します。しかし、そこはどんな自転車でも、真ん中ではありません。僕が言っている自転車の真ん中は、**前後のハブ（車輪の真ん中）を結んだ線、つまりホイールベースの真ん中**です。ロードバイクの場合だと、多くの人が指差したＢＢよりも、おおよそ10センチくらい前になります。僕の自転車を例に出すと、リアセンター（ＢＢから後輪のハブまでの長さ）が４０５ミリ、フロントセンター

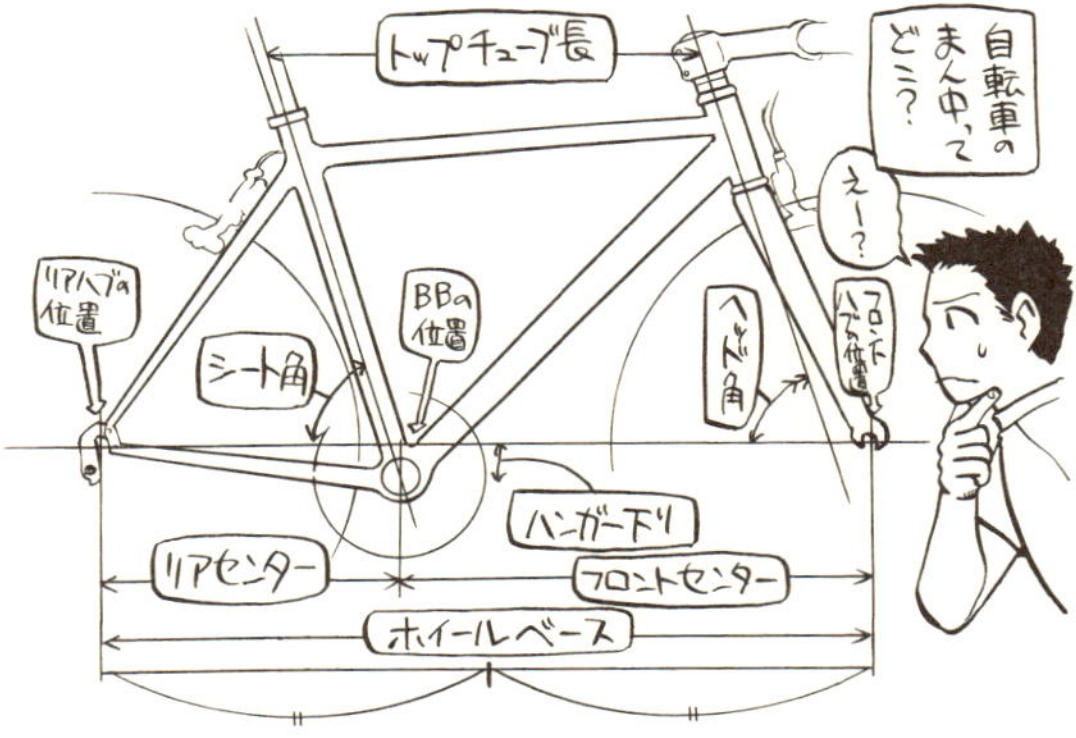

知っておきたいフレーム構造。自分の自転車の数字は知っておこう。

（BBから前輪のハブまでの長さ）が600ミリで、前後の比率はおおよそ6対4になっています。

自転車によってこの数字は違いますから、真ん中の位置はまちまちですが、基本的にフロントセンターのほうが長くなっていて、BBよりも前に自転車の真ん中がある理由はご存知ですか？　それをこれからご説明しましょう。

体感してみよう

❶ 立っているときの真ん中

足をペダルに乗せている間隔で前後に開いてください。そして両足に均等に体重を掛けて、前後のペダルの間、ちょうどBBに体重が乗っている状態を作ってください。

足への荷重の掛かりかたで、身体の動かしやすさがこんなに違う！

両足は、足の裏全体で荷重を支えている感覚です。この状態は人間が立っているときの真ん中荷重ですが、自転車の真ん中ではありません。両足の真ん中に体重が乗っている状態ですから、クランクは前にも後ろにも回りません。

では両足に均等に体重を掛けたままの状態で、衝撃を吸収するような感じで何度かスクワットしてみてください。楽ですか？　ちょっとしんどいですよね？

❷前に荷重（自転車の真ん中）

では今度は足裏の荷重を両足の拇指球《ぼしきゅう》、（親指のつけ根）辺りに移動して立ってみてください。この、荷重を前に移動して両足の拇指球に体重を掛けている状態が、自転車の

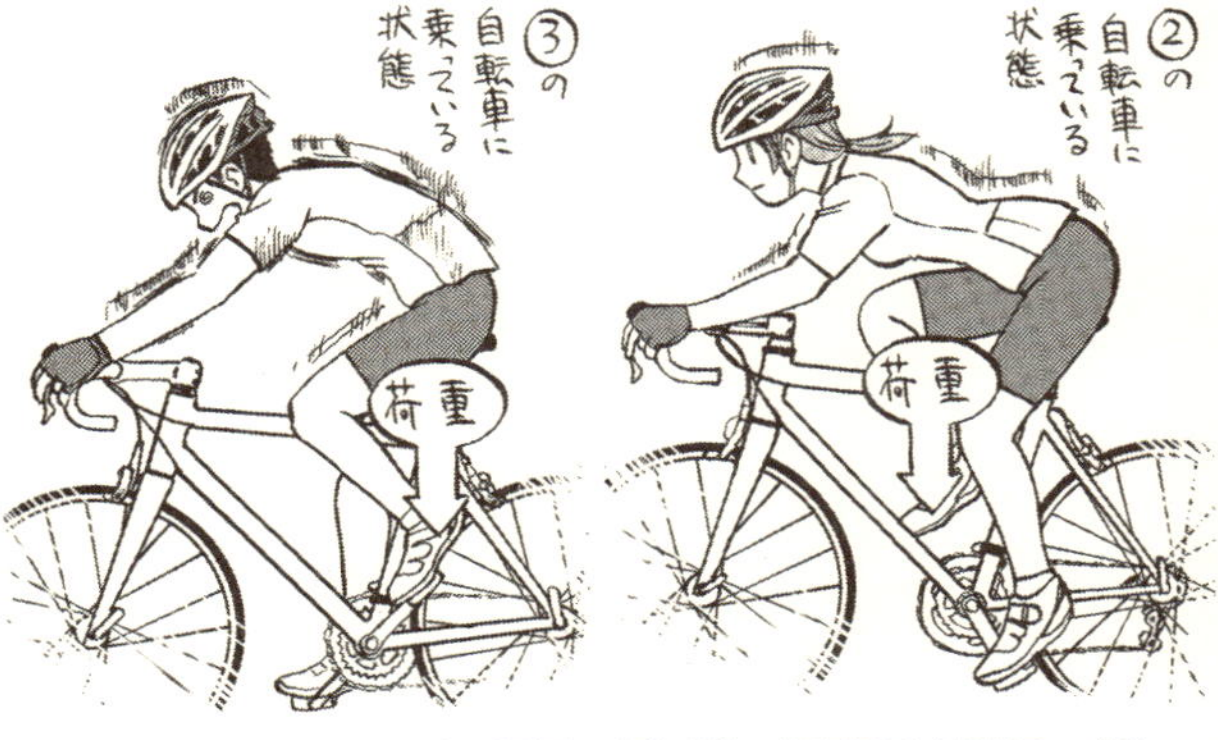

やまめ乗りは身体がしなやかに動く前荷重の姿勢（②）。後ろ荷重は空気椅子…（③）。

真ん中に乗っている状態です。前に荷重移動しているわけですから、クランクは後ろではなく前に回る状態です。

では、この両足の拇指球に荷重をした状態のままスクワットをしてみてください。どうですか!! ものすごく軽快に楽に速く動くことができるはずです!!

❸後ろに荷重

では今度は足の裏の荷重を両足のかかとにかけてみてください。これ、皆さんが腰を引いて坂道を下っている状態です。

ではこの状態でスクワット…。この姿勢で機敏に動ける人は奇跡の人です…。腿《もも》はパンパンになるわ、ゆっくり動くのも辛いわ…。これは「空気椅子」というやつです。

真ん中に乗れば走りは格段にレベルアップする

自転車の真ん中はBBの上ではなくもっと前です。

「自転車の真ん中に乗る」ということは、素早く楽に衝撃を吸収できる姿勢で、自転車というバランスを取ることが必要な乗り物の「軸」に人間がなるということなのです。

❷の荷重位置で正しく自転車に乗ることが、「柔」の動きを極めることと「軸」になる

ための最低条件です。

人間は、足の裏全体でベッタリ立っていては素早い動きができません。足首がかかと寄りについているおかげで、少し前に荷重移動した状態で立つと人間の身体にはバネが生まれます。「鍛えれば全身バネになる」のではなくて、誰でも**「前に荷重移動すればバネになる」**のです。歩くときも走るときも、前に荷重移動すればバネのある状態になり、地面からの衝撃を和らげます。膝や股関節が自由に素早く動けば、身体に負担を掛けずに歩けるのです。

空気椅子の状態で、どうやって素早く衝撃を吸収するのでしょうか？　なぜ腰を引いて坂道を下るのですか？　どうしてブレーキを掛けるときに、腰を引くのですか？　どうしてそんな危ないことをしろと本に書いてあるのでしょう？

スキーで腰を引いて滑る人はいません。スキーのビンディングが、スキー板の真ん中よりも後ろについているのは、自転車と同じ理由でしょう。身体が素早く動ける状態でないと危険ですし、スキーの先端が雪面に刺さってしまうでしょうから。

自転車の真ん中に、これほどまでに深い意味があるということを知ってもらえたかと思います。どんなものでもそうだと思いますが、道具、つまり自転車の構造を知ることが大切です。そして自転車の構造を知れば、どのように乗ることが「理想」なのかを知ることができます。

自転車によって寸法（ジオメトリー）は違いますから、まず自分の自転車を横から見て、どれくらい前に荷重移動した状態が理想なのかをイメージできなくてはコントロールできません。平らなところに自転車を置いた状態で平坦を走っているときをイメージして、次に前輪を高くして上り坂のときのイメージをします。そして下り坂の状態を作り出し、どう乗るかをイメージします。

人間は少し前に荷重することによって素早く動くことができるわけですから、腰が引けた状態では立ちこぎはスムーズにできませんし、サドルに座っていても、後ろ足に掛かった荷重を前足のペダルで踏み込むというのは、どう考えても効率が良いとは思えません。

マウンテンバイクの場合、荒れた路面は立って下りますから、しなやかに衝撃を吸収する姿勢ができなくてはいけません。ロードの場合、立って走るのは立ちこぎの場合だけなので、イメージがし難いのかもしれませんが、マウンテンバイクの場合は「ちゃんと」立つことが絶対に必要です。振り落とされてしまいますから…。

自転車の真ん中に立って、しなやかに素早く動くことができる姿勢ができれば、衝撃を吸収することはもちろん、クランクも自然に回って、立ちこぎも上手にできるようになるはずですよね？

２輪でフラフラする自転車は、バランスを取ることがとても難しい乗り物ですが、車輪が回っていれば、ちゃんと乗れていなくても倒れないのが特徴です。しかし、自転車の真ん中に「ちゃんと」乗ることができるようになれば、ブレーキを掛けなくても、止まっている自転車のサドルに座ったまま静止することもできるようになります。

自転車の真ん中を簡単に説明すると、常に前側の足に荷重が掛かっているところです。さらにその先の「理想の乗り方」を説明するならば、前側の足に荷重することよりも**後ろ足の荷重を完全に抜く**ということです。

なぜならば、自転車はクランクという「てこ」を介して足に荷重するため、後ろ側の足に荷重が残っていると、「てこ」が効いた後ろ足の荷重が、前に回ろうとするクランクの「邪魔」をするからです。

いかなるときも自転車の真ん中に乗ること。そしてバランスが取れていて身体が自由に素早く動ける状態で乗ることこそ「理想」であると、僕は考えます。

4 正しい前傾姿勢

僕が教えている乗り方は、背中まっすぐの「おじぎ」姿勢と書きました。ロードバイクに乗っている人はお腹から身体を曲げている人が多いようですが、お腹には関節はありませんから、身体は股関節から曲げます。

僕はよく言われる「前傾姿勢」という言葉にあいまいさを感じています。正しい「前傾姿勢」とは、ちゃんと前に荷重が掛かる姿勢です。では椅子を使ってどれが正しいかを体感してみましょう。

体感してみよう

椅子に浅く座ってください。足はペダルに乗せているイメージで前後に開いてください。そして自分の骨盤の位置を手で触って確認してみてください。

❶背中を丸めた前傾姿勢

「はぁ」と息を吐いて背中を丸め、ラクな姿勢で座ってください。触っていた骨盤が後ろに倒れたのが分かりますか？　そして背中を丸めたまま、斜めにならないようにまっすぐ前傾姿勢をしてください。そうすると、後ろの足に体重が掛かるのが分かると思います。

❷背中まっすぐの前傾姿勢

今度は骨盤をぐっと起こしてください。そして骨盤も一緒に前に身体を倒してください。すると前の足にぐっと荷重が掛かるのが分かりますか？　その姿勢から、もう一度、背中を丸めて❶の姿勢をしてみましょう。すると後ろの足にぐっと荷重が掛かるのがハッキリ分かるはずです。

❸背中を丸めたままハンドルを持つ

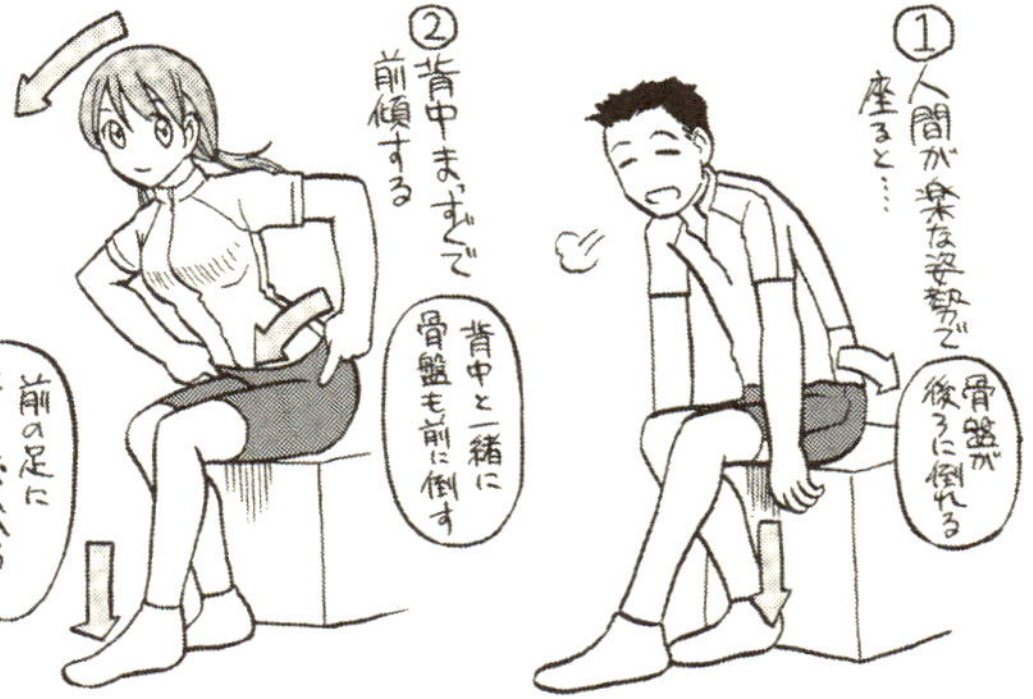

①は背中が丸まり後ろ足に荷重、②がやまめの学校で教えている「正しい」前傾姿勢。

それではもう一度、背中を丸めた前傾姿勢をしてください。そして遠くにあるハンドルを持つようにぐっと手を前に伸ばしてみてください。手を前に伸ばすと後ろの足がぐっと踏ん張りませんか?

❸の、背中を丸めた姿勢でハンドルを低く、遠くにしている人をよく見かけますが、背中を丸めてぐーっと手を伸ばしていると、後ろの足にものすごく荷重が掛かるのです。プロの選手の真似をしてこの乗り方を一般の人がやると、まったく前に進みません。

後ろ足に自分でたくさん荷重を掛けて、自分で作り出した負荷に苦しめられていたわけです。ですから、姿勢の悪い人はステムを短くすると足が回るように感じるのです。

僕が教えているのは、❷の背中まっすぐの

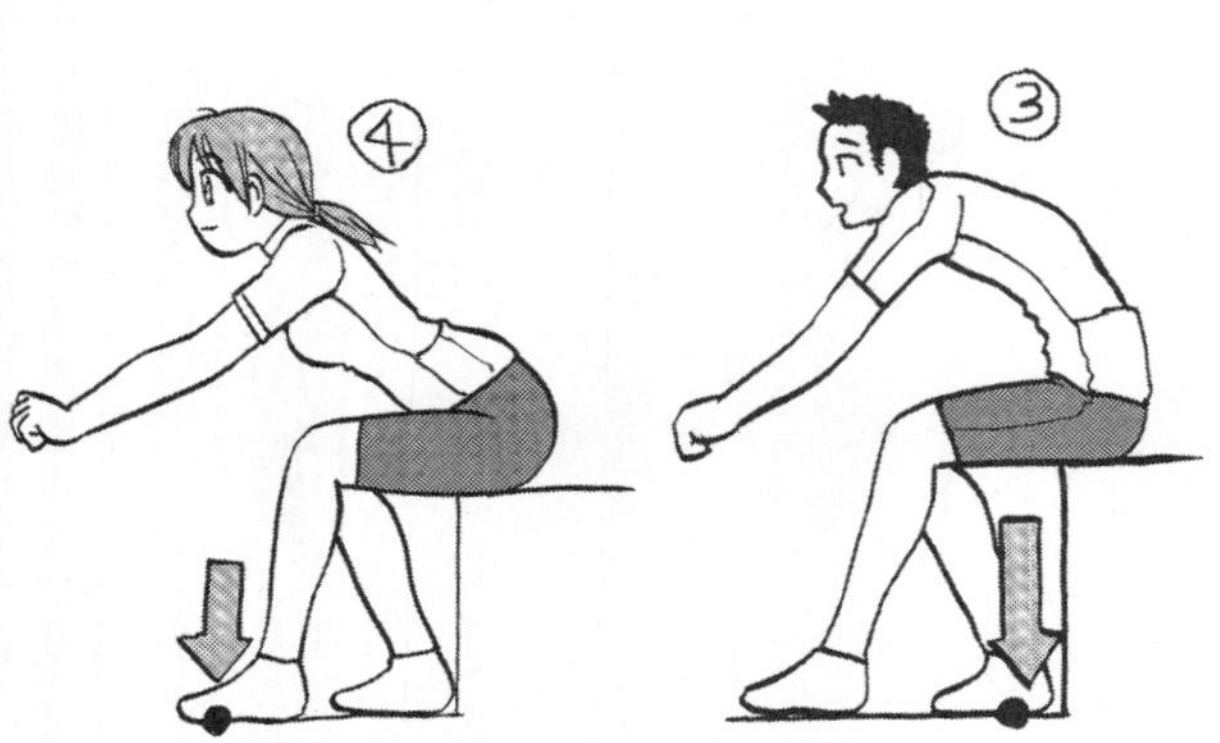

一目瞭然！ ③は骨盤後傾で荷重は後ろ足に、④は前足荷重だ。

前傾姿勢です。骨盤をぐっと立てて、骨盤ごと前に倒します。そうすると前の足にぐっと荷重が掛かります。

❹背中まっすぐでハンドルを持つ

そのまま手をすっと前に伸ばせば、腕と手の重さでさらに前の足に荷重が掛かり、後ろの足は荷重が抜けフリーになっています。これが背中まっすぐの乗り方の意味で、骨盤をぐっと起こした姿勢で乗ることが大切なことが理解していただけたかと思います。このときに決して「腹筋に力を入れない」でください。背中まっすぐで骨盤から正しく前傾できていても、腹筋に力が入るとかかと荷重の「後傾」になってしまいます。「背筋を伸ばす」のも「後傾」の原因です。おじぎ乗りのおじぎは「背中まっすぐ」で、「背筋を伸ばす」のではありません。見た目が❹の姿勢になっていても、自分の荷重をかかと寄りに感じてしまう人は、お腹をゆるめる、背筋を伸ばさない、の二点ができているか、見直してみてくださいね。

正しい前傾姿勢は前足荷重になる

「前傾姿勢」という言葉にあいまいさを感じると最初に書きましたが、後ろに荷重が掛かる「前傾姿勢」もあれば、前に荷重が掛かる「前傾姿勢」もあるのだということを、ここでハッキリと体感して理解しなくてはいけません。

自分では前に荷重を掛けているつもりでも、実際には後ろに荷重を掛けていたのかもしれない…。後ろ足への荷重は、クランクが後ろに回る力になります。背中を丸めるということや腹筋に力を入れる、自分で負荷を作り出してしまうことなのだということに気がついていただけたかと思います。

一章の3「自転車の真ん中に乗ろう」（P20〜）のところでも書きましたが、自転車の真ん中は常に前足への荷重ができているところ、ということが絶対条件です。

素早くしなやかにという動作は、背中がまっすぐの状態で骨盤をしっかりと起こすことができなければ、不可能だということです。人間の楽な姿勢と、スポーツをするときの姿勢はまったく違うのだということも頭に入れてください。

逆に言えば、背中を丸めている人は、動作の一つ一つにやたらと力が入ってしまい、「剛」の力が必要になってしまうのです。しかも自分で負荷を作り出して…。

後ろ足荷重の背中を丸めた乗り方には、「ビンディングペダル」というものが絶対に必要になります。さらにペダルを引き上げる筋力もです。常に前足荷重ができたなら、そんなものは必要なくなるのだということも知っておいてくださいね。

もし自分の子供に自転車を教えるなら、あなたは猫背で後ろ足荷重を教えますか？歩いたり走ったりすることにも、子供の将来のためにも、まったく役に立たないそんな猫背の姿勢を、僕は絶対に教えたくありません。

5 やまめの学校式は「おじぎ乗り」

前の項で、やまめの学校で教えている姿勢は「背中まっすぐ」です、と説明しました。自転車に「ちゃんと」乗るために大切なのは、かかとに体重が掛かった**「後傾」の姿勢にならないこと**です。「後傾」の姿勢は、自転車だけではなく普段の生活の中でも様々な面で悪影響が出る「良くない姿勢」です。

かかとに体重が乗った姿勢で両足をペダルに乗せたのなら、クランクは後ろ側に回ろうとします。「後傾」の原因を取り除かなくては、いつまでたってもクランクは前側に軽く回ってくれません。後傾の原因が背中の丸まった「猫背」だというのも説明しました。

前傾姿勢をするならば、骨盤も一緒に前傾させなければいけない。これを立って後ろで手を組み、軽く膝を曲げた状態でやると、**「正しいおじぎ」**になります。「正しいおじぎ」をした場合、頭を下げていくと「お尻」が自然に後ろに下がっていきます。

やまめの学校では「正しいおじぎ」で自転車に乗るように教えています。

おじぎの深さで座る位置が変わる！

ではなぜお尻が頭の動きと連動して後ろに下がっていくのでしょうか？　それは**「頭」の重さと「お尻」の重さのバランスを取るため**です。

人間はいかなるときでも無意識に全身のバランスを取ろうとします。ただし頭で考えたり力んだりといった「余計なこと」をすれば、バランスを崩してしまうものだと僕は考えます。

バランスを感じ取るセンサーは足の裏です。「正しいおじぎ」ができれば、「浅いおじぎ」でも「深いおじぎ」でも、足裏に感じる荷重

「手を後ろで組んで」試してみると「正しいおじぎ」をつくりやすい！

に変化はありません。猫背で「おじぎのようでおじぎではない」ことをすれば、足裏のかかと側に荷重が移動し、呼吸も苦しくなり、頭を下げてもお尻の位置はほとんど変わりません。

やまめの学校では、**おじぎの浅い深いでサドルに座る場所を前後にずらします。**おじぎが深くなればお尻は後ろ、おじぎが浅ければお尻は前に移動します。

「猫背」で自転車に乗っている人は、サドルに座る位置をほぼ「固定」して乗っているため、前後に荷重移動しにくいサドルの取り付け方や形・角度になっていることでしょう。

やまめの学校のおじぎ乗りでは、お尻を前後に移動しやすいサドルの取り付け方や角度・形が必須になります。相反する乗り方で

5つのポイントを「腹筋に力を入れない」でやってみよう！

は、部品（自転車も含む）の選び方や考え方もまったく違うのだということを理解してください。

正しい荷重位置は「拇指球」辺りと覚えよう

「正しいおじぎ」は、つま先に荷重が掛かる「前のめり」でも、かかとに荷重が掛かった「後傾」でもありません。

自転車の真ん中に乗ったときには足裏の荷重が「土踏まず」ではなく「拇指球辺り」に掛かっているのが正しいのです。これが、衝撃を吸収したり、素早く動ける足裏の荷重位置であり、クランクが前に回る荷重位置でもあるからです。

ですから、**足裏の荷重位置を拇指球にしたまま背中まっすぐの「正しいおじぎ」ができればよい**のだということです。

それができれば、かかとに荷重を掛けて腿をパンパンにする「空気椅子」で自転車に乗ることもなくなるでしょうし、バランスが取れているので自転車がふらつくこともなくなるでしょう。

まっすぐ立った状態で、拇指球に荷重を掛けて手を前に自然に伸ばせば、手の重さで足裏の荷重が前に移動し、自然に足が一歩前に出て身体が倒れないように支えます。

それが「歩く」という動作です。

おじぎをして手を前に振ったときに「足が一歩出る場所」に手を持ってくる。あくまでも目安ですが、そこがブレーキレバーのブラケット位置です。そのときのお尻の位置がサドルの取り付け位置となります。

「正しいおじぎ」はポジションまで出せてしまうのです。

「おじぎ」姿勢の練習でバランス感覚を養おう

やまめの学校の「おじぎ乗り」では、**上り下りのように路面の角度が変わる場合や、速度域の違いで、おじぎの深さを変化させます。**おじぎの深さを変えても、常に自転車の上で「バランスが取れている」ことと「拇指球に荷重できている」ことが、「おじぎ乗り」の

姿勢を変化させて体感しよう
浅いおじぎ
深いおじぎ
足裏の荷重は常にいっしょ
おじぎを深くするとお尻が後ろに出る

「おじぎ」であれば、浅くても深くても常にバランスが取れています。

ポイントなのです。

初めのうちは自転車に乗らず立った状態で、足裏の荷重を変えずに股関節から骨盤を動かして身体を折り曲げる感覚を掴むことから練習します。

「正しいおじぎ」は「背中まっすぐ」です。背筋は伸ばしません。お腹はゆるめます。腹筋には力をいれません。これはおじぎが深くても浅くても、変わりません。

おじぎの深さが変わった際の「頭の位置」「お尻の位置」「足裏に感じる荷重」。身体のセンサーをフルに活用して、この感覚を養ってください。そうすることで、どんなときでも「バランスが取れたおじぎの姿勢」を、自然に取れるようになりますから。

バランスは「取る」ものではなく「取れる」ものなのです。人間が余計なことをしなければ…。

6 踏まずに回るペダリングをしよう

「自転車はクランクが回ると前に進む」

そんなこと言われなくても当たり前だ！　と怒られてしまいそうですが、クランクがちゃんと回るようになるまでが非常に難しいのが自転車です。「ペダリング」というのはそんなに簡単なものではありません。

「ペダリング」とはクランクを回す動作です。**ペダルを踏み込むことではありません。**

やまめのペダリングを突き詰めると、クランクは「回す」ではなく「自然に回る」になります。では、ペダルを踏まなくてもクランクが自然に回る「ペダリング」とはどういうものでしょうか。

やまめのペダリングは「1時7時」

自転車の雑誌を見ると「ペダリングは背中を丸めて、時計にたとえると、1時から3時まで前に蹴り出すようにするのが正しい」と書いてあります。骨盤の角度が後ろに倒れている「後傾」の姿勢の人が書いたのならば、それで「正しい」でしょう。

実際に猫背の姿勢でペダリングすると、そのような前に蹴り出す動きになります。お腹を凹ませて骨盤の後傾が大きな人なら1時から3時まで、骨盤がそれほど後ろに倒れていない人なら2時から4時まで蹴り出すということになるでしょう。

しかし、おじぎで乗る場合にはそのような足の動きには決してなりません。

僕はこのおじぎ乗りのペダリングを、「1時7時」と表現しています。受け取り方によっては「1時から7時まで踏む」ととらえられてしまいがちですが、決してペダルを強く踏み込むことはしません。

ですから、誤解されないようにちゃんと説明しなくてはいけませんね。

「1時7時」のペダリングなら永久にクランクが回る！

僕は自動車やモーターサイクルなどの、エンジンがついた乗り物が大好きです。

僕はMAZDA787Bがロータリーエンジンでル・マンを制したときに感動し、それ以来マツダの大ファンなのですが、残念ながら自転車のペダリングはレシプロエンジンだと教えています。自転車のペダリングはロータリーエンジンではないのです。

自動車でいうピストンに当たる部分が膝より上の腿で、ピストンと繋がっているコンロッドと呼ばれる部品が、脛《すね》やふくらはぎのある膝下に当たります。ピストンである腿が上下し、コ

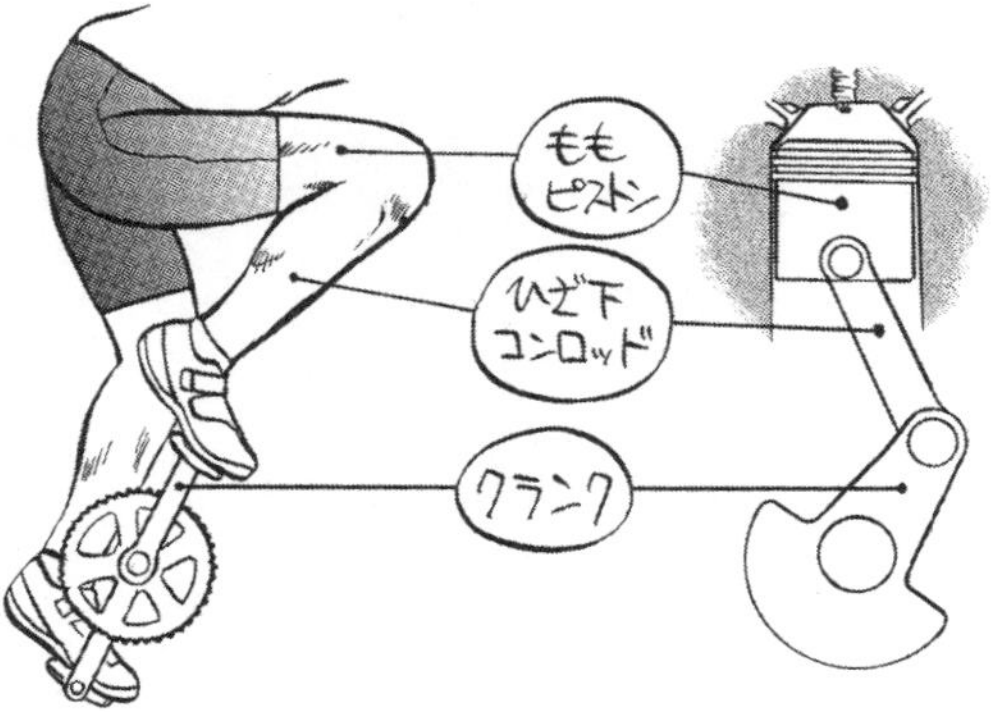

腿の上下運動が膝下を通して回転運動に変換され、クランクが回るのがペダリング。

ンロッドである膝下がクランクシャフトを回す。縦の動きを回転運動に変換する、これは立派なレシプロエンジンなのです。

ペダリングの説明をするときに、上死点・下死点などという言葉をよく用いますが、死点を作ってしまうと回転が止まってしまいます。上も下も死点を作るような動作、つまり**踏み込みや引き上げる動作をしない**のが「クランクを回転」させることなのだと僕は教えています。そして1時7時のペダリングでは1時のときにピストンである腿が一番高い位置に来ます。決して12時が一番高い位置ではありません。

では1時7時のペダリングを説明します。

12時6時ではクランクは前後のどちらにも回らない「足踏み」の状態で、足裏の荷重は「土踏まず」です。

やまめの学校で教えている歩き方は、三章の2（P90〜）で詳しく説明しますが、足を前に無理やり出す歩き方ではなく自然に足裏の荷重を前に移動して歩く歩き方なので、足は前ではなく後ろに出ます。

おじぎをして足裏の荷重を拇指球に移動した姿勢で自転車に乗ります。そうすると自然に上側にある足が1時の辺りに来ていて、下側にある足はその反対の7時に来ているはずです。

自転車から降りてやってみると理解しやすいのですが、足を前後に出して自転車に乗っているような姿勢で両足の拇指球に荷重移動すると、かかとが上がり、自然に後ろ足の荷重が抜けて前側の足に荷重が移ることに気がつきます。

７時の足の荷重が抜けた状態で、１時の足に荷重されると、クランクは自然に回り始めます。そして上側の足が下側の７時の足になり、下側の足が１時に来ると、また荷重が掛かりクランクが自然に回る。

それを繰り返しているのが、やまめの学校式**「1時7時のペダリング」**です。

無理な力を加えずに、いつまでも自然に回るペダリング。

僕はこのペダリングの技術を「夢の永久機関」と名づけました。

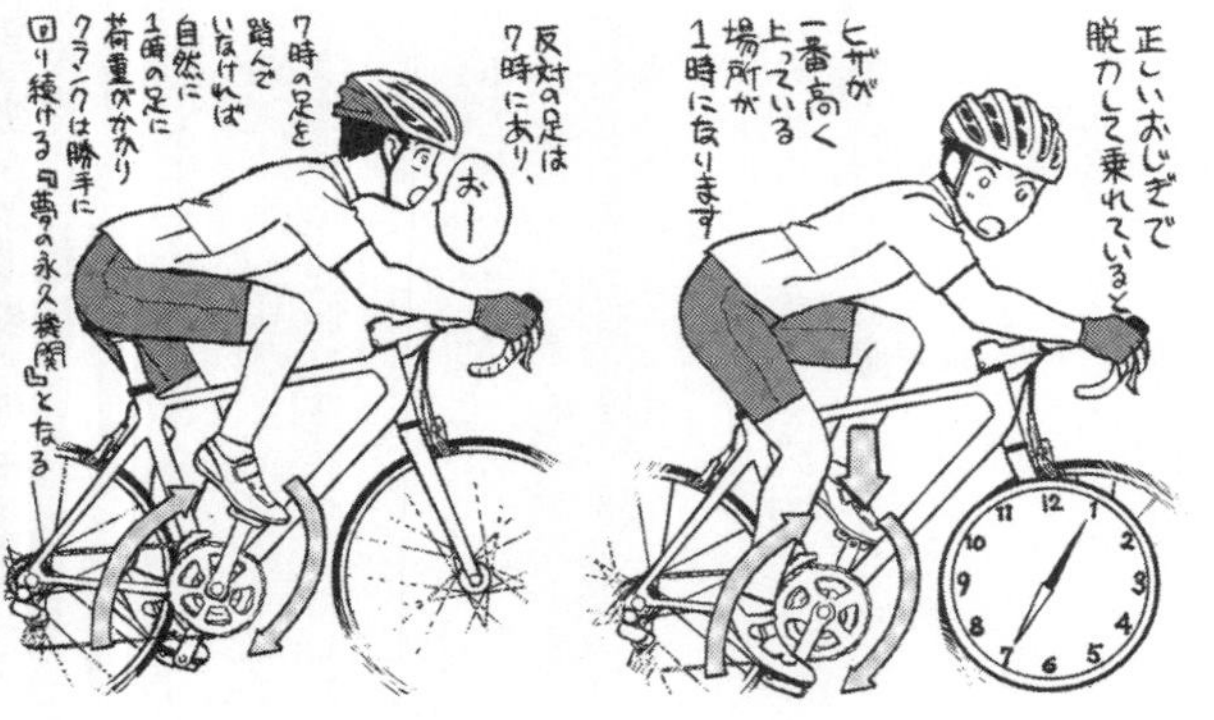

やまめの学校式、１時７時のペダリングがこれだ！

やまめ式ペダリングは下まで「踏み込まない」

しかし下にある7時の足に力を入れて踏み込んでしまうと、上の足に荷重がまったく掛からず、クランクがきれいな回転運動になることはありません。これでは「夢の永久機関」とはならないのです…。

これが誤解されてしまうと、「やまめの学校で教えている乗り方は踏み込んで前側の筋肉を使う乗り方だ」となってしまうわけです。

脱力ペダリングの「夢の永久機関」では、ピストンである腿に荷重が掛かっているのは、11時～1時くらいの短い範囲だけです。

荷重移動のタイミングでクランクの回転を上げることはあっても、足で力強く下まで踏み込むような動作も、引き上げることもしません。ですから力で踏み込む「剛」の乗り方とは、根本的に違うのだということを理解してくださいね。

正しくペダリングできれば姿勢は「走っている」！

この1時7時のペダリングが正しい姿勢でできている人を横から見ると、自転車に乗っているのに地面を走っている人のように見えます。

ときには、1時7時は2時8時のペダリングになるのですが、2時8時になると、まるで地面をものすごく速く走っている人のような姿勢に見えるのです。

7時よりも8時のほうが後ろにあるわけですから、後ろにたくさん足が出ている走り方、つまり速く走っている人が低い姿勢で加速していくときの姿勢のように見えるわけなのです。

常に拇指球辺りに荷重できていますから、ペダルのクリート位置も荷重されている場所に正しく取り付けられると最高です。

しかし、猫背で前に蹴飛ばす乗り方では、荷重はかかと寄りに掛かっているはずです。かかとに荷重が掛かった乗り方をしているのに、拇指球にクリートをつけてかかとを上げてペダリングをしていては、ペダルには力が加わりません。むしろ猫背で乗るならかかとを落として前に蹴飛ばしたほうが良いのではないかと思いますが……。

自転車に乗っている姿勢を横から見て、自転車に乗らずに走っている姿勢に置き換えてみると、その人は足裏のどの位置に荷重を掛けているのかを、おおよそ見てとることができます。「おじぎ乗りの姿勢」はスクワットをしても腿がパンパンになりません。かかとに荷重した「空気椅子」をすると腿がパンパンになります。「空気椅子」のまま、かかとを上げてつま先立ちすると、辛い場所が「膝の上」に移動します。かかとと荷重の人が前にクリートをつけて、かかとを上げてペダリングをしていると

「膝を痛める」のです。

これから「正しいおじぎ」姿勢の練習を始めるのであれば、クリートも「正しい位置」につけることが大切です。クリートの正しい位置は拇指球の辺りです。クリートの位置が正しければ、その場所に荷重を感じているかどうかで、正しくおじぎができているかをみることもできます。

自転車雑誌によると最近のトレンドは、ペダルのクリート位置を後ろに下げることらしいですね…。けれども、クリートの位置は、決して流行で変えるものではなく、その人の姿勢に合わせて変えるものでなくてはいけません。

一番快適な回転数とは？

ロードに乗る人は、ケイデンス（クランクの回転数）を気にする人が多いと思います。速度が乗っているときでも、そうでないときでも、自分の足が軽く回ると感じる回転数というのは、ほぼ90〜１００回転の間だと思います。

足に負荷がかかっていると感じれば、勢いをつけて速度を上げるか、ギアを1枚軽くすることで、再び足に負荷のかからない回転数にすることができるでしょう。

でも、後者の「ギアを軽くする」方法では、速度はどんどん落ちていってしまいます。

僕は、勢いをつけて速度を上げることで、快適な回転数に戻すことをおすすめします。

このことは五章の2「正しい上りの走り方」（P154〜）でも詳しく書きますが、心に留めておいてください。

「理想」の乗り方は「理」にかなっている！

「理にかなっている」ということは、人に理解させるためには絶対に必要です。

踏まなくてもクランクが回る「姿勢」をしたときに、自転車の真ん中にも「ちゃんと」乗っている。前がハッキリ見えて呼吸も楽で、バランスが取れている。頭の位置が低くて安全で、スピードも出るし空気抵抗も少ない。

「理にかなっている」乗り方とは、このことを言うのではないでしょうか？

「理想」に近づくためには、まず「理想」とはどのようなものなのかを知らなくてはいけません。

そして「理想」は、「理にかなっている」ことが絶対に必要であると僕は考えます。

やまめの学校が目指しているものは、「理想の乗り方」の追求である。決して流行で変わるものではありません。

そう言い切って、「やまめ式自転車の乗り方」の章を締めくくりたいと思います。

やまあの学校 コラム1

モノの構造を知る

ロードバイクのタイヤをホイールに嵌《は》める際、最後の最後でタイヤが硬くて嵌《はま》らないといった経験をされた方は多いでしょう。

僕は最後にバルブの近くでタイヤを嵌めるのだと教えていますが、動画や雑誌ではバルブの反対側で最後にタイヤを嵌めると書いてあったり言ったりしています。

僕が教えている方法は、チューブレスタイヤを嵌める方法と一緒です。タイヤを手で簡単に嵌めるには、まずリムの構造を知らなければいけません。タイヤを外したリムを観察してみると、一番真ん中が窪んでいるのに気がつくでしょう。

バルブの近くで最後にタイヤが嵌る状態にしておいて、手で少しだけ嵌める方向に力を掛けておきながら、バルブの反対側のタイヤを揉んで、リムの窪みにタイヤを落とし込んであげると、嵌める側に「タイヤが緩んで」きて、すんなりタイヤが嵌ります。

バルブの反対側を最後にすると、バルブが邪魔してリムの窪みにタイヤが落ち切らないため、タイヤがパチパチに張ってしまい、タイヤが上手く嵌らないのです。

やまあの学校 コラム1

モノの構造を知る

「一晩中タイヤを嵌めるのに格闘しましたが、タイヤが嵌らない…」といって、当時メカニックをしていた僕のところに助けを求めてきた選手がいました。

目の前で一晩中格闘したタイヤを、手であっさり嵌められたら…眠気も手の痛みも倍増したことでしょうねぇ…。

モノの構造を理解すると、どうすれば良いのかを理解することができます。

この本も、モノの構造や身体の構造を知ることから書いているのに気が付きました？

第二章

やまめの科学

やまめの学校式乗り方はなぜこうなるの？
理論を知れば納得、やまめの自転車科学！

1　自転車に乗っているときにやってはいけないこと

まず初めに、自転車に乗っているときにやってはいけないことがあります。それは、「片足だけ」に荷重を乗せることです。

え？　立ちこぎのときにやってるよ！　いえいえ、立ちこぎのときは荷重の乗っている足と反対側の手に荷重しているはずです。でしたら左右のバランスが取れているので問題はありません。

これを知らないと大事故に繋がります。そしてこれを知らないと、車輪の大きな29インチのマウンテンバイクでも、小石で前転します。自転車の乗り方を学ぶのであれば、これは絶対に知ってもらわなくてはいけませんし、ポジションを決める際にも非常に重要です。実験をすると誰でもすぐに体感できるので、その方法を教えますね。

体感してみよう

自転車はロードバイクでもマウンテンバイクでも構いません。ロードだったらインナーロー、マウンテンバイクだったらセンターローくらいのギアにシフトしておいてくださいね。

　まず自分の足を前輪の前に置いてください。クランクを回して、ペダルは1時くらいの位置にしてください。

　ハンドルが横に切れないように軽く押さえ、手でペダルに荷重を掛けて自転車を前に進めてみてください。そうすると、前輪はわりと簡単に足の上を乗り越えていくはずです。

　クランクを2時の位置にして荷重を掛けても、ちょっと痛いですがなんとか足を乗り越えていきますよね？

　今度は、クランクを4時くらいにして、同じようにやってみてください。足が痛いくらいタイヤに轢《ひ》かれませんか。5時くらいにクランクを持ってくると、車輪はまったく前に進もうとしません。3時くらいにクランクを

クランクが1時にあれば簡単に乗り越えるが（右）、3時からだと進まない（左）。

戻すとタイヤは足を越えてはいきますが、やはり足は痛いくらいに押しつぶされます。

これは、何時の場所からクランクを動かすと前輪が地面に押しつけられるかを体感するための実験です。クランクが軽い力で前に進む位置は11時から1時です。2時以降の場所からペダルを下に踏んでしまうと、前輪は地面に強く押しつけられて前に進みません。**自転車を最も効率よく前に進める場所は11時1時**と覚えてください。

以前はこの位置を12時から3時としていた時もありましたが、踏まないペダリングを身につけるまでは11時1時で練習したほうが荷重でペダルが回る感覚をつかみやすいと考え、今は11時から1時が前に進む力が生まれる位置と教えています。

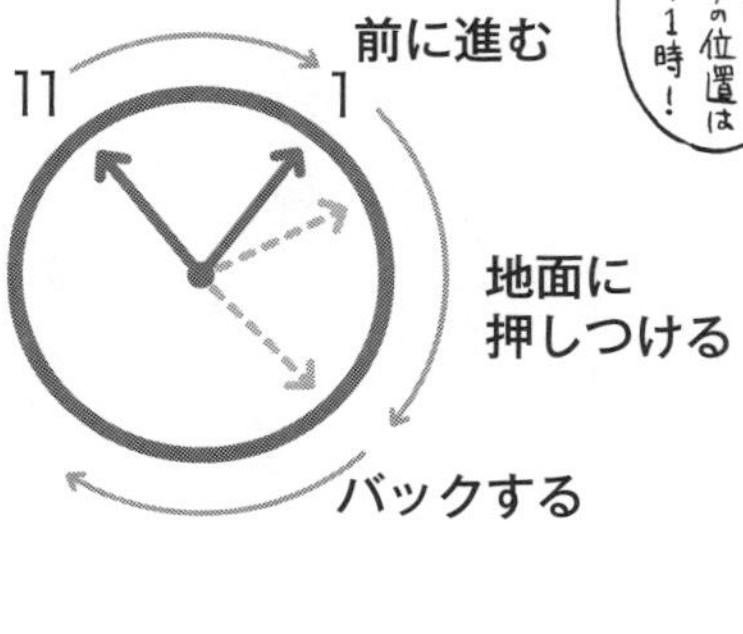

片足荷重でペダルを踏み込むことなかれ！

29インチが障害物を乗り越えやすいと言っているのは、ここでも紙の上でのお話だと露呈してしまいますね…。上側の足が11時から1時くらいにあれば、障害物を乗り越えやすいのは間違いないことなのですが…。相手が硬い舗装路では分かりにくいかもしれませんが、2時以降でペダルを踏み込めば間違いなく前輪は地面に刺さろうとします。そのときに反対側の手に荷重できていなければ、危険な「片足だけ荷重」になります。

足の反対側の手に荷重していれば左右のバランスが取れているので大丈夫ですが、自転車から降りるときに片足だけに体重を掛けて前に降りていませんか？　そしてペダルを嵌《は》めるときに同じことをやっていませんか？　下りが怖い人は左右の足の位置が縦一直線になっていることが多いです。それも片足荷重ですよ。

乗り降りのときだけではありません。足の反対側の手に荷重せずにペダルを踏み込むということが、すでに危険な状態なのだということを知ってください。踏み込んで地面に前輪を刺して乗ることが、非常に無駄の多い操作であるということ。踏み込みペダリングで、前に進む、ブレーキが掛かる…を繰り返しては、力がいくらあったって足りません。ですから自転車のクランクは、踏み込むのではなく脱力した「夢の永久機関」でなくてはいけません。

では、危険な「片足荷重」にならない乗り方とは？　たとえば五章の5「正しいカーブの曲がり方」（P175～）のところで、片足荷重にならないコーナリングについて説明しています。「自転車の止まり方」は六章の2の中の「7時の横に足をつこう」（P197）でその方法を詳しく書いてみました。ご自分でぜひ試して体感してください。

2　最重要　やまめの学校式「荷重移動の定義」

「荷重移動とは足の裏の三点に感じる荷重を前後に移動させることである」

これが「やまめの学校」で教えている、僕が作った荷重移動の定義です。

これから書くことには、他の章に進んでも、何度も何度も読み返して欲しいことがたくさん含まれています。それほど重要な章であるということです。

ではまず人間の足の裏の作りをイメージしてみてください。足の裏には三箇所、硬くて大きくできている場所があります。まず一番大きくて硬くできているのが「かかと」です。そしてそこから前に移動していくと、親指のつけ根、「拇指球《ぼしきゅう》」と呼ばれる部分が硬く大きくできています。さらに前に移動していくと、今度は大きな「親指」があります。

　人間の足の裏の中で大きく硬くできている場所は、「かかと」「拇指球」「親指」の三箇所で、すべて親指側、つまり足裏の内側に集中しています。逆に、小指側、つまり足裏の外側には、大きく硬くできている場所はありません。何故その三箇所が大きく硬くできているのでしょうか。それは「前後に移動する荷重を支える場所」だからだと僕は推測しました。

体感してみよう

❶「背中まっすぐ」で立ったときの荷重移動

足を肩幅くらいに開いて膝を軽くゆるめ「背中をまっすぐにして」立ってみましょう。そしてつま先の向きを見てください。自分のつま先が「逆ハの字」に軽く開いている状態だと、身体のどこにも違和感がないはずです。

　そのまま前後に身体を揺らしてみてください。すると「かかと」「拇指球」「親指」の、足裏の内側にある三箇所だけを荷重が移動しているのに気がつきます。「背中をまっすぐ」にした姿勢で立った場合、小指側にはほとんど荷重が掛かっていません。

そのまま足踏みをすると、足はまっすぐ高い位置まで自然に上がってきます。

肩幅くらいに足を開いた「ワイドスタンス」では、自然に足裏の内側だけに荷重が掛かります。逆に足の横幅を狭くした「ナロースタンス」では、足裏に感じる荷重は内側の三点ではなく小指側、つまり外側に掛かっているはずです。しかも前から見るとO脚《オーきゃく》やガニ股《また》になっているように見えます。

「やまめの学校」で教えている背中をまっすぐにする姿勢の荷重移動では、ワイドスタンスで荷重は足裏の内側に掛かり、足裏の硬く大きくできている三点を荷重が前後に移動していきます。

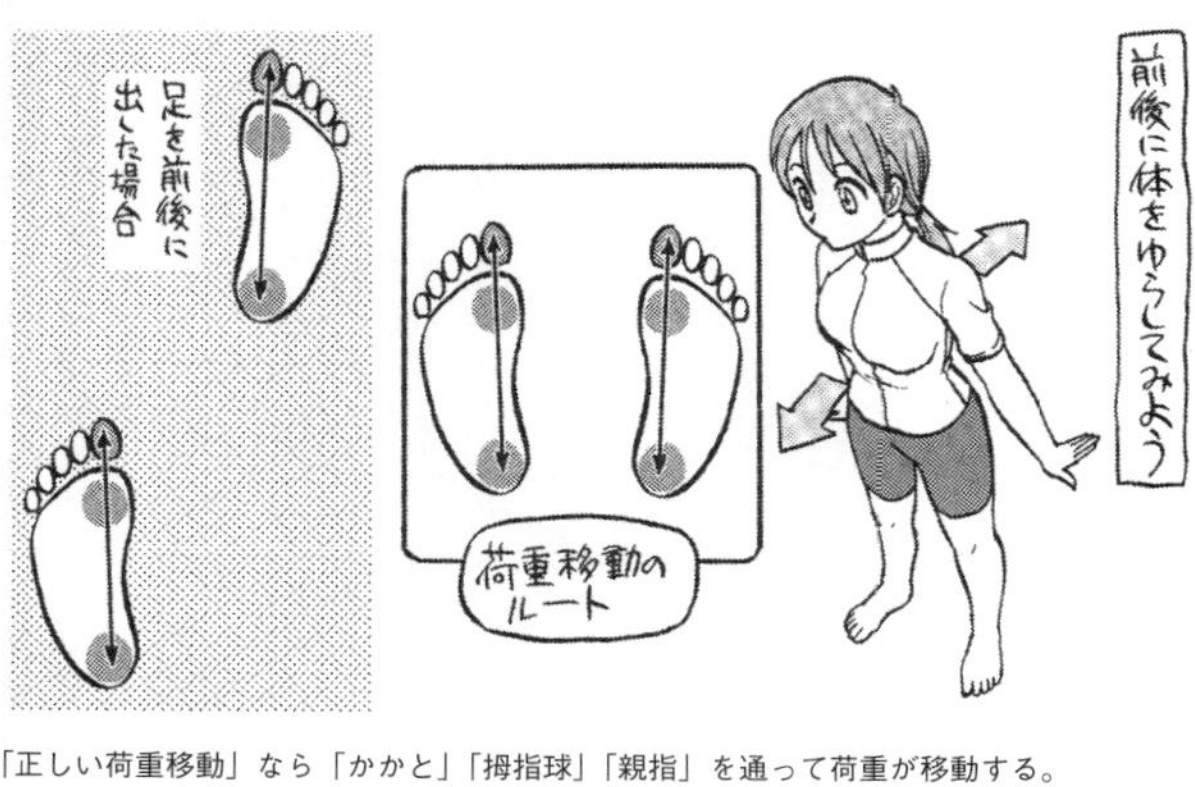

「正しい荷重移動」なら「かかと」「拇指球」「親指」を通って荷重が移動する。

前に荷重が移動した際にはかかとが浮き上がり、荷重がかかとに残ることはありません。

背中まっすぐの「荷重移動」をするためには、自転車をワイドスタンスに適した形に作らなくてはいけませんね。ナロースタンス用に作られた自転車に乗って、ワイドスタンスになる姿勢をすれば、「ガニ股」で自転車に乗っていると言われてしまう…。

自転車でワイドスタンスにするためには、左右のペダルの間隔を広げる「Qファクター」を広くする」という作業が必要です。雑誌には「Qファクターを狭くしろ」と書いてありますけどね…。Qファクターについては四章の2「姿勢ができればポジションは簡単」（P133～）の中で説明します。

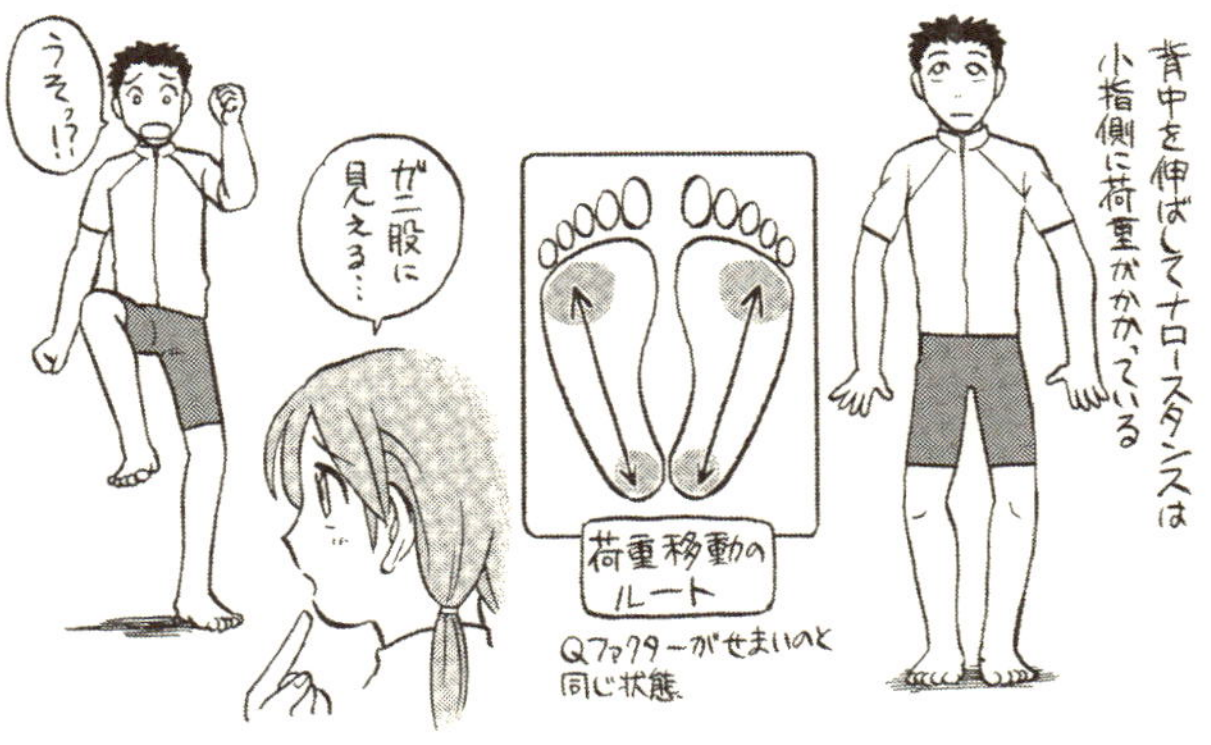

背中まっすぐでナロースタンスだと、荷重は「小指」側にかかりガニ股に。

❷「背中を丸めた」姿勢での荷重移動

では今度は背中を丸めてお腹を凹ませた状態で立ってみます。この立ち方をすると先ほどのようにつま先は開かず、お腹を凹ませれば凹ませるほど「ハの字」で立つほうが身体のどこにも負担を感じないでしょう。そのまま足踏みをすると、足は内股で上がってきます。足の間隔が「ナロースタンス」で狭ければ狭いほど、内股で足を上下させやすく負担が掛かりません。「ワイドスタンス」のまま内股で足踏みをしたならば、トイレを我慢している人みたいでカッコ悪いです…。

この背中を丸めてお腹を凹ませた姿勢は、雑誌によく書かれているロードバイクの姿勢そのもので、僕が教えている姿勢とは真逆の姿勢です。トップチューブに膝を擦るように

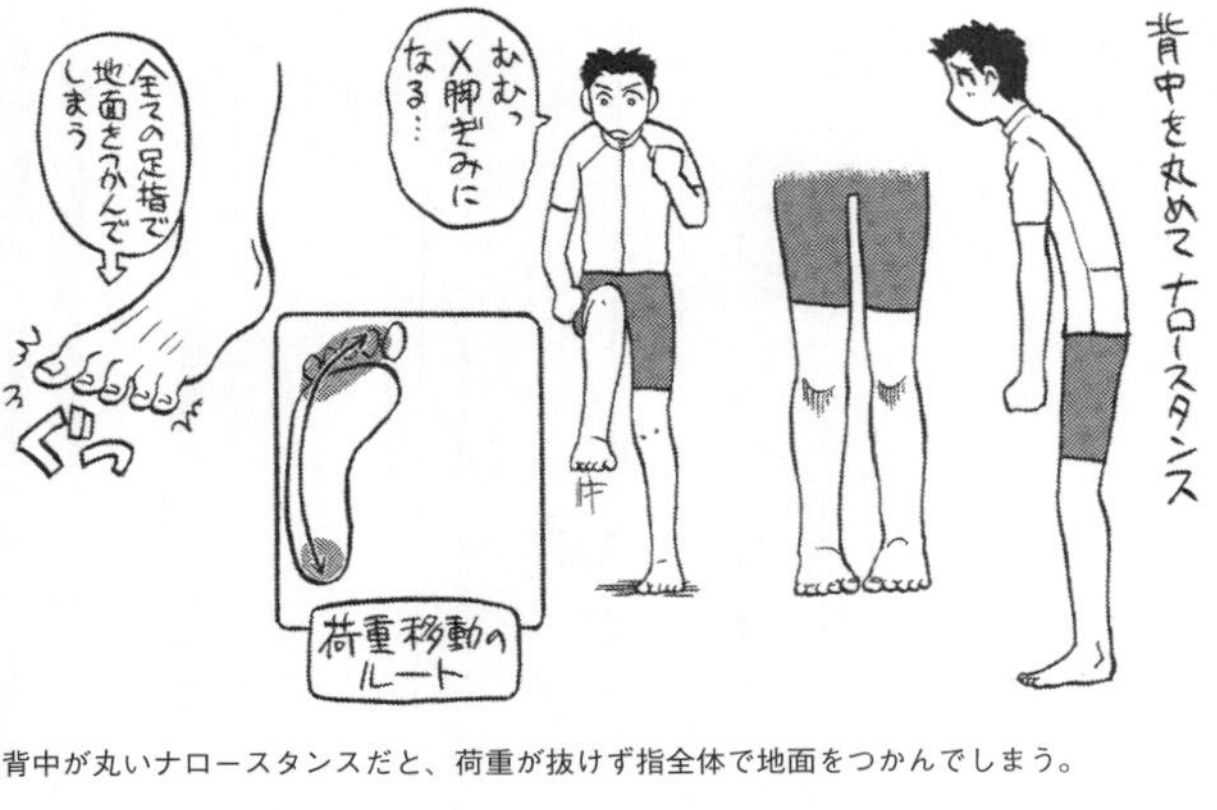

背中が丸いナロースタンスだと、荷重が抜けず指全体で地面をつかんでしまう。

内股でペダリングをしなさいというのはこの姿勢の場合ですし、「Qファクターを狭めろ」というのもこの場合です。内股だと足を高く上げにくいですから、クランクは短いものしか使えません。

自転車の世界ではこの姿勢が「骨盤を立てる」姿勢だと言われていますが、陸上やランニングの世界では「骨盤が後傾」して腰の落ちた最もダメな姿勢です。背中を丸めると肩甲骨は開いた状態です。世の中ではこの姿勢を「猫背」といいます。

この猫背のまま前後に揺れてみると、先ほどとはまったく違う足の裏の場所に荷重が掛かるはずです。

猫背で前に荷重を移動してみると、拇指球を避けて小指側から回り込むように荷重が掛かっていき、すべての指で地面を掴むような感じになります。そして背中をまっすぐにして立ったときとは違い、かかとにも荷重が残ってしまいます。

小指側から荷重が前に回り込んでいくこの姿勢でランニングをすれば、足をひねって捻挫《ねんざ》する可能性が高いといえるでしょう。このような姿勢で歩けば、靴の外側とかかとの減りが早いはずです。

猫背をやめて正しい姿勢で荷重移動ができれば、捻挫する原因も靴の減りも、すべて解決しますよ。

❸「おじぎ」の姿勢で荷重移動

ではもう一度背中をまっすぐにして、ワイドスタンスでつま先を開いて立ってみてください。そして骨盤から身体を折り曲げて「おじぎ」の姿勢をしてみます。

すると今度はつま先が「ハの字」に開きっぱなしだと違和感があると思います。前後に揺れてみると、足裏の荷重の掛かっている場所が先ほどよりもかなり内側で、親指で一生懸命地面を掴み、かかとに荷重が残っている状態になると思います。そして荷重を前に移動すること自体が、前に倒れそうで怖いと感じるはずですし、前から見るとガニ股でカッコ悪い…。

そうなったら、かかとを外側に動かして「少しだけ」つま先をまっすぐにすると、荷

深いおじぎの姿勢で、かかとの角度を調整すると、正しい荷重移動に。

重が正しく足裏の三点を移動するようになり、腿《もも》の裏側の違和感も消え、かかとに荷重が残らなくなります。

おじぎを深くして骨盤を前傾させると、かかとが外側に動き、つま先の向きが変わるということを覚えておいてください。自転車に乗っているときの姿勢がこれに当てはまります。

❹足を前後に開いて荷重移動

では、もう一度最初の「背中まっすぐ」の姿勢で立ってください。今度はペダルに足を乗せているイメージで、前後に足を開いて立ち、両足に均等に荷重を掛けてください。そしてそこから前に荷重移動してみます。

多分ですよ…。皆さんは前に荷重移動しているつもりでいると思いますが、おそらく斜め右か斜め左、つまりつま先の向いている方向に荷重を掛けてしまっていませんか。それは「前」ではなくて「斜め前」です。

斜め前に荷重を掛けると、前の足は小指側とかかと、後ろの足は親指側とかかとにまだ荷重がたくさん「残っている」はずです。残念ながら、それは僕が教えている「荷重移動」の定義からは外れています。

僕が教えている「荷重移動」は、**「かかと」「拇指球」「親指」の三点の「荷重移動」**です。両足の内側にある三点に、左右同時に同じだけ同じ場所を荷重が移動し、両足のかかとの荷重が抜けていなくては、前に正しく「荷重移動」ができたとは言いません。

普通に立っていても、前後に足を出していても、足裏の三点の「荷重移動」は同じようにできなくてはいけないのです。

なぜかというと、正しく「荷重移動」ができたときには、前側の足に負担が掛かることなく、後ろ足の荷重がスッと抜けて、前に出てくるからです。

僕の考える荷重移動とは、**後ろの足の荷重を抜くための「荷重移動」**なのです。物凄く難しいですね、後ろ足の荷重を抜くた

足を前後に開くと、まっすぐ前への荷重移動するのは案外難しい。

めの「荷重移動」は…。

ではこの難しい「荷重移動」を簡単にできる方法を教えます。

❺ 腕を使って荷重移動

少しだけ前に荷重を掛けて、ランニングで腕を振るようなイメージで、前側の足とは逆の腕（というより肩）を前に出してみてください。そうすると、両足の拇指球に同じだけ荷重が掛かり、かかとが浮き、自然に後ろの足の荷重が抜けて、それほど前に荷重移動しなくても後ろ側の足がスッと前に出てくるはずです。

人間が腕を振って歩く理由は、ここにあります。

腕を前に振ることで、スムーズな「荷重移

足と反対側の腕を振ると、足を前後に開いていてもまっすぐ前に移動できる。

動」を助け、前側の足に負担を掛けることなく後ろ足の荷重を抜き、腕の重さを利用して前に進むことが容易になります。

腕の振り方が間違っていたら、当然前に進むことはできません。もし腕を強く後ろに振れば、腕の重さが前に進もうとする力と打ち消しあってしまうことにもなります。

自転車で一番大切なのは「後ろ足の荷重を抜くこと」

では、何故ここまで僕が後ろ側の足の荷重を抜くことにこだわるのか。

それは自転車の場合、**後ろ側の足に荷重が残ってしまうと、「クランク」を介してペダルが後ろに回ろうとする「テコの力」が効いてしまう**からなんです。

「骨盤が後傾」したときの「前に進む力を打ち消そうとする後ろ向きの力」が、クランクという「テコ」がある分、ランニングやウォーキングよりも大きいからなのです。

道具を使うということはとても難しいのです。そして身体を折り曲げて三点支持で乗る自転車はもっともっと難しい…。

なぜなら、身体を折り曲げて自転車に乗ると、股関節や足首の硬さ、そしてその人の普段の姿勢の影響がモロに出てしまうからなのです。

自転車で正しい荷重移動ができるようになれば、ランナーの人は今よりもっと長い時間、身体に負担を掛けることなく走り続けられるようになるはずです。

やまめの学校に、トライアスリートが多く来てくださる理由は、この「荷重移動」を教えているからだと思います。

僕が考えた「荷重移動の定義」は、自転車という道具を使う「三点支持」を極めようとしている過程で気がついたことが基になっています。三点支持のスポーツから気がついた「荷重移動の定義」なのです。

骨盤を後傾させず、猫背ではない姿勢でおじぎをして自転車に乗りなさい。この姿勢が、本来であれば「骨盤を立てる」なのだと思いますが…。いかがでしょうか。

そして最も重要なのは、この姿勢が人間の身体の構造が「何故そうなっているのだろう

猫背で後ろ足に荷重が残ると、それがそのままペダリングの重さになってしまう。

か？」ということを真剣に考えてみた結果、導き出されたものであるということです。
進化の過程で作られた身体の仕組み。それに逆らわないように素直に身体を使うこと。
これがやまめの学校式「荷重移動」であり、やまめの学校の基本理念です。

3 三点支持は面白い ─ 腕の荷重 ─

やまめの学校で教えているのは三点支持です。三点というのは、手・足・お尻です。支持というからには、荷重を掛けて支えている状態でなくてはいけません。まず初めに、**ハンドル・サドル・ペダルの三点に均等に荷重すること**ができるようになること。そこが三点支持のスタートラインです。

ロードバイクの本には、「ハンドルに荷重を掛けるな」と書いてありますが、ハンドルに触っているだけでは三点支持とはならないのと、マウンテンバイクでハンドルに荷重を掛けずにカーブを曲がったら間違いなく前輪が滑って転ぶので、それはどこかに置いておいてください。

体感してみよう

膝を垂直に立て、下の図のような四つんばいの姿勢を作り、手は開いてちょうど目の下辺りに肩幅より少し広めについてください。この姿勢を基本姿勢とします。手のつき方を何度か変えますが、頭と腰の高さや位置を変えないでくださいね。

❶ＭＴＢのハンドル

では、最初にマウンテンバイクのハンドルを握るように、手をグーで握ってついてください。基本姿勢と何も変わらないと思います。

❷ロードのハンドル

では、今度はロードのドロップハンドルを

ロードとＭＴＢのハンドル形状の違いで、腕にかかる負荷はこんなに変わる！

握るように、グーで握った手を横にして手をついてください。これ、腕も腹筋も背筋もすべて使っていて、支え続けるのは辛い状態かと思います。

なぜハンドルの形の違いで、身体を支えやすい、支えにくいの違いが生まれてしまうのでしょうか？

答えは簡単。腕立て伏せをしてみると分かりますが、マウンテンバイクは普通に肘《ひじ》が外に曲がる腕立て。ロードが肘を内に絞った腕立てになっています。どっちが楽に腕立てができるのかは、皆さんが体感したとおり、マウンテンバイクのフラットバーのほうです。

では次。

❸遠いMTBのハンドル

今度は、頭の高さも腰の位置も変えず、マウンテンバイクのハンドルを握る手を、今よりもできるだけ前方についてみてください。自転車でいえば、頭の位置を変えずにステムを長くした感じです。

さっきよりも、さらに楽に支えることができていませんか？　手のひらの荷重も減っているはずです。

❹遠いロードのハンドル

では、遠いマウンテンバイクのハンドルを、そのままロードのハンドルを持つ手の置き方に変えてみてください。さっきよりも格段に楽に支えられていませんか？　二の腕もプルプルしないし、腹筋・背筋も楽なはずです。

なぜでしょうね？

これも腕立てをしてみると分かります。手の位置が遠くなると、腕立ての肘の向きがマウンテンバイクと同じ向きになり、ロードもマウンテンバイクも変わらなくなるからです。

それともう一つ、腕の負担が大きく減った理由も説明しなくてはなりませんが、それは次の実験の後…。

ステムを長くしたイメージ。背中がまっすぐになり腕が楽に！

❺ 近いMTBのハンドル

では、長いステムを同じ姿勢のまま短いステムにしちゃいます。最初にとった基本姿勢よりも後ろに、マウンテンバイクのハンドルを握る手でついてください。どうですか！！！　厳しいでしょ！！！！

❻ 近いロードのハンドル

ではその厳しい位置のまま、ロードのハンドルを握る手に変えてついてください。最高に厳しいでしょ！！！！！　無理でしょ！！！！　ありえないでしょ！！！

楽にしてあげましょうか？　腰引いてごらんなさい…楽になりますから…。でも猫背になってしまいますね…。

ハンドルが近すぎるとロードでもＭＴＢでも身体が支えきれずに猫背になってしまう…。

腕を伸ばせば「頭」はラクに支えられる

では、先ほど体験した、腕の負担が大きく変わる理由を説明します。

上半身の端についている、重たいものは何でしょうか？

それは「頭」です。

重たい頭を、手の内側に入れて支えるのか、手を手前にして頭は手の外側にして支えるのかの違いです。重たい頭が手よりも前に出るほど、支えている手に荷重が増えるのです。

同じ姿勢で支点・力点・作用点の位置を変える、つまりハンドルの位置が近い・遠いで、「テコの原理」で手への荷重が増えたり減ったりするということです。

深いおじぎにしたら手に荷重がたくさん乗ってしまうのであれば、ハンドルの位置が手前すぎるのではありませんか？　ハンドルの位置が近すぎたり低すぎたりすれば、腕が辛いから、背中を丸めて腰を引いて腕を楽にしようとしてしまう…。だからP70❻のように猫背で乗っている人が多いのでしょう。

おじぎで頭の位置が決まっていれば、ハンドルが遠くにあったほうが身体も支えやすく、腹筋・背筋も、腕も楽だということなのです。ポジションを出す際にも、このことは非常に大切になってきます。

ハンドル幅も決められますよ。この実験をしたときに、一番楽に上半身を支えられる手の幅が、あなたのハンドル幅です。

今までいろいろな本を見たり、誰かに乗り方を教わったりしたかと思いますが、腕の向きやハンドルの位置・形状で、身体の支えやすさが変わることは知っていましたか?

ロードバイクだけではなく、マウンテンバイクにも乗ることで気がつくことはもっとたくさんあります。ですからオンロードだけではなくオフロードにも目を向けて欲しいのです…。

4 三点支持は面白い ― 足の荷重 ―

次は足への荷重のお話です。

「速く走りたいのですが、どうしたらいいですか」とよく質問されます。

僕は「重いギアを速く回せばいいんです」と答えます。それ以外にありえないですよね。

ではどうしたら重いギアを速く回せるか。「おじぎ乗り」は、自分の体重や重力を利用する乗り方です。足への荷重を理解することが、「おじぎ乗り」の一番大切なポイントになります。

僕は教室で「歩く・走る・速く走る・もっと速く走る」の四つの基本姿勢を説明しています。浅いおじぎが「歩く」、深いおじぎが「もっと速く走る」、です。

おじぎの深さとスピードは相関関係にあります。その理由を身体を動かして体感してみましょう。

体感してみよう

一章の3「自転車の真ん中に乗ろう」（P22）の、足を前後に開いて両足に均等に体重

「歩く」から「走る」の姿勢になると前足への荷重が増えて早く前に進む。

を掛けた姿勢で立ってください。これを前にも後ろにも進まない基本の姿勢とします。

❶ 基本の姿勢から少しだけ両足の拇指球付近に荷重を移動してください。これが「歩く」です。

❷ 今度は、歩くよりも前に両足の荷重を移動してください。これが「走る」です。

「歩く」より「走る」のほうが、前側の足に荷重がたくさん掛かっているはずです。

今度は両足に均等に荷重を掛けたままで、スケート選手のスタートの姿勢のように、背中が丸まらないよう股関節から深く身体

深いおじぎでは、前足への荷重がより大きくなって、ペダルを回す力になる！

を折り曲げて、重心を下げて立ってください。両足に均等に荷重をしているのですから、先ほどの基本姿勢と同じように前後どちらにも進まない状態です。

❸この深いおじぎのまま、歩くように少し前に荷重移動してください。どうですか？　足がきつくないですか？

❹では、「走る」ようにさらに前に荷重移動してください。

耐えられないくらい、ものすごい荷重が足に掛かっていませんか？

❶❷の立っているときより、❸❹の深いおじぎのほうが、足に掛かる荷重は大きいですが、ではなぜ深いおじぎをしたときに足への荷重が増えたのでしょうか？「歩く」も「走る」も同じように、いずれの姿勢でも同じだけ前に荷重移動をしただけです。

足への荷重が重いギアを回す！

先ほど腕の荷重の項で書いた「テコの原理」がここでも働きます。自転車に乗っている場合、前側の足が作用点、頭が力点、サドルに乗ったお尻が支点でしょう。

深いおじぎと浅いおじぎでは、この三点の位置関係が変わります。足の前後位置は一緒ですから、変化するのは頭とお尻の位置です。

姿勢が低くなればなるほど、頭の位置は、支点であるお尻から遠ざかり、作用点である前側の足を「押しつぶす力」が働きます。この押しつぶす力が強ければ強いほど「重いギア」が回るということに繋がるのです。

つまり、**頭の位置が遠い、「深いおじぎ」ができるようになれば、スピードが出せるようになります。**ただし、そのように「深いおじぎ」を作るには、股関節や足首の柔軟性や頭を支える体幹の力が必要です。簡単ではありません。しかし最終的な目標とするのにふさわしい「理想の姿勢」であることは間違いありません。

頭の低い姿勢は速くて安全

猫背は後ろ足に荷重してしまう姿勢です。背中が丸まっていては、力点である頭の位置が低く遠くなることもありません。頭を下げれば下げるほど後ろ足の荷重が増えてしまい、前側の足に重いギアを軽く回すほどの荷重が乗ることは決してありません。

空気抵抗の話がもてはやされていますが、背中がまっすぐ前に伸びた姿勢のほうが抵抗は明らかに少ないと思いますし、そもそも低い姿勢が取れなければ、クランクを速く回すこともできません。

もし、あなたがスピードを出しているときに転んでしまったとしたら…頭の位置は高いほうがよいですか？　それとも低い位置にあったほうがよいですか？

頭を高い位置から地面に叩きつけることを選ぶ人はいないでしょうね。

「スピードが出ているときの姿勢は、スピードが出せる姿勢であり、かつ転倒したとしても安全でなければいけない」

これが一章の5「やまめの学校式は『おじぎ乗り』」で書いた、「速度が変わるとおじぎの深さが変わる」（P37）ということです。

正しいおじぎの姿勢で乗れたなら、胴長短足は武器になるのです。

おじぎが正しければバランスも取れています。

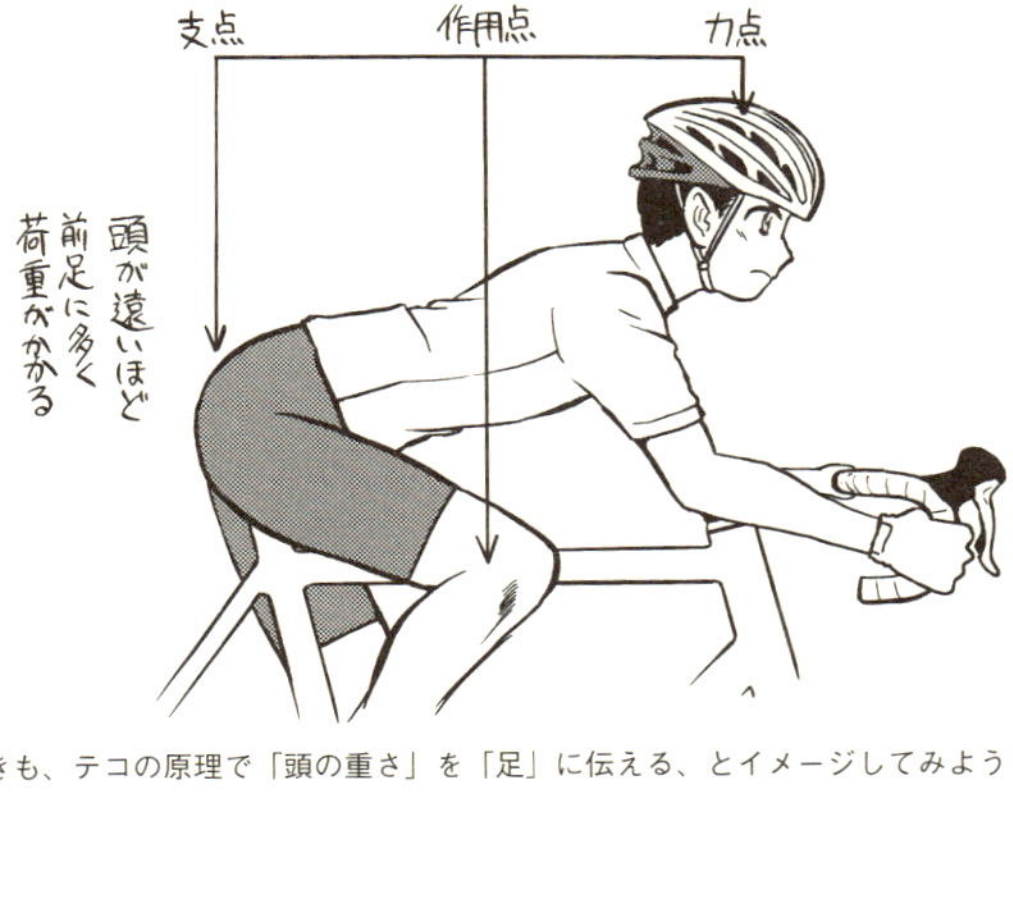
支点
作用点
力点
頭が遠いほど
前足に多く
荷重がかかる

走るときも、テコの原理で「頭の重さ」を「足」に伝える、とイメージしてみよう！

自転車の乗り方を教える立場としては、安全にかかわる事柄は絶対に譲れないのです。

5 三点支持は面白い ―見えない荷重移動―

三点支持で自転車に乗る方法で、一番「面白い!!」と感じるのはもしかしたら今から書くことかもしれません。三点支持の、見た目では分からない荷重移動のお話です。やまめの学校で教えている乗り方が、ハンドル・ペダル・サドルの、身体と接している三点に荷重を分散する乗り方だということは、そろそろご理解いただけていることでしょう。

この「見えない荷重移動」を実際に試してみるには、後輪を固定するローラー台があると分かりやすいです。

体感してみよう

固定ローラーに後輪をセットして、自転車に「正しいおじぎ姿勢」で乗車します。普通に自転車に乗っているときのようにペダリングをしてください。すると、クランクは1時7時の「夢の永久機関」となっている（なっていて欲しいな…）ことでしょう。

そのままペダリングをしながら片手を離してみてください。おっ…。クランクの回転が上がりましたね。離した片手を前のほうに伸ばしてみてください。もっと回転が上がりませんか？

今度は一瞬両手を離してみてください。ものすごい勢いでクランクの回転が上がるはずです。

手の荷重を抜くと足の回転は上がる！

回転数が上がるからくりを説明しますと…。

三点支持は手にもある程度、荷重が掛かっています。ハンドルから手を離すと、手に掛かっていた荷重が抜けて足に掛かるようになり、クランクの回転が上がります。片手を離した場合と両手を離した場合の回転数の差は、ハンドルに残っている荷重の差です。片手を前に伸ばすと回転数が上がったのは、上腕と手のひらの重さの影響です。

これを理解して、手がハンドルから離れた状態でもおじぎの姿勢をキープできるくらいのしっかりとした体幹があれば、足に掛かる荷重を増やすことが可能になります。同じ姿勢で見た目は同じでも、手に荷重がたくさん乗っている人と乗っていない人ではクランクの回転数が違います。

　要するに、体幹がしっかりとすることによって、同じ三点支持の姿勢でも、よりスピードが出せるようになる、ということなのです。

　二章の3「三点支持は面白い　ー腕の荷重ー」のお話（P66〜）を思い出してください。手を前に伸ばして身体を支えたときと、手を手前に置いて身体を支えたときの、手に感じる荷重の差。頭を、支えている手の内側に入れると、手に頭の重さをあまり感じなかったこと、楽に身体を支えられた

秘伝！「パッ」と一瞬ハンドルから手を離すと、クランクの回転が上がる！

ことを思い出しましたか？

手を前に伸ばすと、同じおじぎの姿勢をしていても、手には頭の重さはそれほど乗りません。手に頭の重さが乗っていなければ、足に荷重がたくさん掛かります。さらに腕を前に伸ばした際の、手のひらの重さも自然に利用することになり、さらにクランクは速く回ることになります。しかもその姿勢をキープすることも非常に楽で、肘の向きも無理なく身体を支えやすい角度になっているはずです。

ポジションを作る際に、低くて近いポジションを作らない理由がここにあります。僕が作るポジションが「低く、遠く」なのは、手のひらの重さを利用したり、手に荷重を乗せすぎないためなのです。

これが、見た目には分からない三点支持の荷重移動です。

手に荷重を乗せないで加速し、速度が上がったらある程度ハンドルに荷重を乗せて巡航するといった使い方をします。ですから、常に体幹で支える必要はありません。もともと手への荷重が少ない乗り方ですし、身体を支えることも楽な姿勢だからです。

三点支持の見えない荷重移動、奥が深くて面白いでしょ！！！

中途半端なおじぎはツラいだけ

一番中途半端なおじぎの角度は45度です。深いおじぎ姿勢で膝に手をつかなくても上半身を支えるのは楽ですが、45度くらいに背中の角度を変えて両手を膝から離すと、身体を支えるのが非常にツラいことに気がつきます。

さらに身体を起こせばまったくツラくない…。中途半端が一番ダメですね!!

足を1時7時にして思いっきり深いおじぎでサドルに座り、ブレーキを掛けたまま少しだけサドルからお尻を持ち上げてみると、あら不思議!! 1時の足に荷重が掛かります。

深いおじぎで乗れると、ガタガタ道でお尻が跳ねれば跳ねるほど、スピードが出てしまうのです。まるでカンチェッラーラ選手みたいですね!! ちなみに、猫背だと後ろ足に荷重が掛かります。

いろいろな姿勢でサドルからお尻を持ち上げてみると、たくさん発見があって面白いですよ。工夫してみてくださいね。

ちょっと旅に出てみませんか？

自転車に乗れる場所に人が集中してしまったり、走る場所自体が限られてしまっていて、都会の人はとても大変な思いをされていると思います。

自転車を電車や飛行機に載せて旅に出たことはありますか？　週末にクルマに載せて遠くまで行くのもよいですが、「輪行」でのお出かけは渋滞とは無縁です。

「ちょっと旅に出てきます」と言って、週末に飛行機でお出かけなんていかがですか？

北海道に「美瑛町《びえいちょう》」という町があります。第1回目から毎年「美瑛センチュリーライド」のお手伝いをさせていただいているのですが、この美瑛町には、一度走ると間違いなく「虜《とりこ》」になってしまうほどの素晴らしい景色と、自転車に乗れる環境があります。

丘全体がパッチワークのように見える景色は、毎年作られる作物や花で変化し、いつも違う色を見せてくれます。美しいパッチワークの向こうに見える十勝岳《とかちだけ》連峰の山々を見ながら自転車に乗れる美瑛町は、間違いなく僕の中の「自転車天国」ランキング№1です。

ちょっと旅に出てみませんか？

この美瑛町ですが、最寄の旭川空港まで東京から1時間50分で行けるのはご存知ですか？　旭川空港からは、バスでわずか15分の距離に位置しています。

東京からだと、穂高に来るのとそれほど変わらない時間で行けてしまうのです。

早割りなどを利用すると、かなり安い金額で飛行機に乗ることもできますから、ガソリン代や高速代を考えると、むしろ美瑛に行くほうが安上がりかもしれませんね。

飛行機での輪行も視野に入れてみると、行動範囲も走る環境も無限に広がります。

お金と時間の使い方を工夫して、思い切って旅に出てみませんか？

第三章

やまめの身体作り

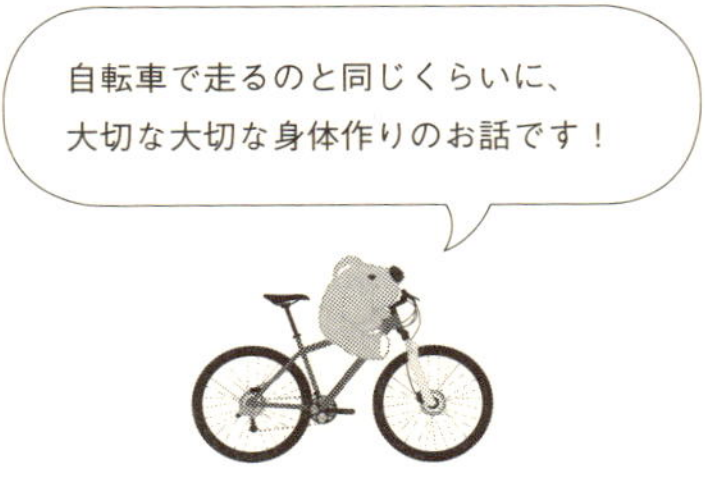
自転車で走るのと同じくらいに、
大切な大切な身体作りのお話です！

1 自転車に乗るための身体作りを

「自転車に乗って脚力をつけたい」。そんな理由で自転車に乗り始める人もいるでしょうが、残念ながら自転車では思ったほど「脚力」はつきません。

そもそも「脚力」とはどんな力のことなのでしょうか。

僕がやまめの学校式「脚力」を説明するとしたら、こうなるでしょう。

「自分の身体の重さを支えることを基本として、地面からの衝撃や反発に対しても身体を支え続けることができる足の力」

やまめの学校式「脚力」の中には、「筋力」だけではなく「骨の強さ」も含まれています。自転車に乗って足の筋肉がムキムキになったからといって「筋力」があるとは限りません。筋繊維がプチプチ切れるような鍛え方ばかりして足が太くなっているだけかもしれませんし、骨密度の低いボロボロの骨の持ち主かもしれません。

自転車は、地面や氷のように「動かないもの」に荷重を掛けるスポーツではなく、ペダルという「動くもの」に荷重を掛けるスポーツです。地面からの衝撃や反発は、自転車に乗るよりも歩いたり走ったりするほうが遥かに大きく、また、そのインパクトが骨密度を高め、「強い骨」を作るために不可欠なのです。

何が言いたいのかというと、自転車とは、筋力や骨を強くする地面からの衝撃や反発がほとんどない運動なのだということです。

体力不足、筋力不足で自転車に乗ってはいけない

週末にいくらロードバイクで50キロ100キロ走っても、「脚力」をつけるための運動としては「不足」でしょう。むしろ汗をかいているのに水分をちゃんと摂っていなかったり、大量に糖分ばかり摂取していては、逆に身体を壊してしまう可能性があります。

やまめの学校の生徒さんには、トライアスリートのように常に身体を動かしている人も大勢いますが、自転車以外のスポーツをまったくしないという人も非常に多いです。そういう生徒さんは、いくらレースやイベントにたくさん出ていたとしても、普段積極的に身体を動かしている人に比べると、「脚力」も「体力」も劣っている人がほとんどです。

普段から歩いたり走ったりと運動をしている人は、身体を支えるための「最低限」の力を持っていますから、自転車に乗るくらいの「小さな負荷」の運動は問題なくこ

なせてしまうのです。

「自転車」は立派な「スポーツ」です。スポーツを始めるためには、まずそのスポーツの「負荷」に耐えられるだけの身体を作ることが必要です。普段、運動をせず自転車しか乗らない人が、いきなりランニングなどの「大きな負荷」が身体の各所に掛かるスポーツをすると、腰や膝などを痛めかねません。

やまめの学校の生徒さんの筋力をチェックすると、腹筋と比べて背筋の力がない人がほとんどです。これは普段歩いたり走ったり運動している人であっても変わりません。後で書きますが、この原因は「ちゃんと」歩くことや「ちゃんと」走ることができていないからです。

足の筋肉はたくさんついていても、お尻に筋肉がついていない人…。柔軟性をチェックしてみると、足首の硬い人が本当に多いこと多いこと…。それだけではありません。「ちゃんと」有酸素運動ができていなくて、心肺の弱い人…。「立ってください」と立たせれば、姿勢が悪くてつま先の向きが不自然な人…。「歩いてください」と歩かせると、左右に不自然に頭が揺れる人や、手と足が一緒に出ちゃう人…。ドタドタ足音のうるさい人…。

自転車に乗る必要最低限の「力」はもちろん必要ですが、その前に身体の柔軟性を高めることや、姿勢を直すこと、「ちゃんと」歩いたり走ったりすることや、頭で思い描いた動作ができるようになることが何よりもまず必要なのです。

理想の乗り方に近づくために身体作りをしよう

僕が考える理想に近づくための身体作りのポイントは、❶足首を柔らかくすること❷背筋を鍛えること ❸お尻の筋肉を鍛えること（形の良いお尻を作ること）❹良い心臓と肺を作ること、の4つです。

それには、ストレッチと筋力トレーニング、そして適切な有酸素運動が有効です。あまりにも当たり前なことを書いていますが、筋力トレーニングとストレッチの密接な関係や、キュッと上がったお尻を作る意味、有効な「有酸素運動」とそうでないものとの違いを知ったら、きっと驚くと思いますよ！

歩いたり走ったりしている人でも、やまめの学校方式で自転車に乗ると、自分の歩き方や走り方は「正しい荷重移動」になっていなかった、ということに気がつくと思います。自転車は後ろの足の荷重が完全に抜けなければクランクが回らないのですから…。

この章では理想の姿勢に近づくための「身体作り」のポイントを紹介しています。やめの学校の「肝」となることばかりですので、一生懸命お勉強してください！！！

2 「歩く」ことで身体を作ろう

二章の2で、なぜ人間は歩くときに腕を振るのか、僕が考えた理由を書きました（P63）。「正しい荷重移動」をしていれば、「後ろ足の荷重を抜く」ことができ、足に負担を掛けずに歩くことができます。そして「後ろ足の荷重を抜く」ことが、クランクという「テコ」が作用する自転車に乗る際にはとても重要である、ということも説明しました。

自転車に乗ってばかりで、歩くために必要な「筋力」が落ちてしまっている人には、まず**「正しく歩くこと」から身体作りを始める**ことを強くおすすめします。

正しい姿勢で歩くことで「正しい荷重移動」が身につくということは理解していただけたと思います。それでは、「歩く」ことでどんな筋肉がついてどんな〝素敵な効果〟が得られるのか、これから説明していきますね。

体感してみよう

❶正しく歩けば有酸素運動の効果が上がる

人間は、足の裏に掛かる荷重を前方に移動することで歩きます。

まずまっすぐに立って、足裏の荷重をかかと側に掛けてみましょう。かかとに荷重移動して立つと、腹筋や足の前側に不自然に力が入り、呼吸も苦しくなります。

かかとに体重を掛けている状態を僕は「後傾」と呼んでいますが、「後傾」になると、身体の前側にある筋肉が緊張した状態になります。実際に触ってみると、腹筋や大腿《だいたい》などの前側の筋肉が緊張しているのがハッキリと感じられます。

今度は前に荷重移動して拇指球《ぼしきゅう》辺りに荷重を掛けて立ちます。先ほどとは違い、腹筋周りに緊張はなく、呼吸も苦しくなりません。

正しい荷重移動ができた状態で歩くことができれば、筋肉を緊張させることもなく、呼吸が詰まることもないので、とても**素晴らしい有酸素運動をすることができます。**

これが〝素敵な効果〟の一つ目。

❷ 正しく歩けば身体の後ろ側の筋肉が活性化する

二つ目の〝素敵な効果〟は立っている状態だと分かりにくいので寝て試してみましょう。

仰向けに寝た状態でまっすぐに伸ばした片足をゆっくり持ち上げてみると、腹筋をかなり使って足を持ち上げていることが感じられるかと思います。

今度はうつ伏せになります。うつ伏せで寝たまま、まっすぐに伸ばした足をゆっくり持ち上げてみます。そうすると、先ほどとはまったく違い、お尻と背筋を使って足を持ち上げていることに気づくでしょう。そして、仰向けで腹筋を使って足を持ち上げるより辛いことにも…。

寝た状態だとまっすぐ伸ばした足に、足先

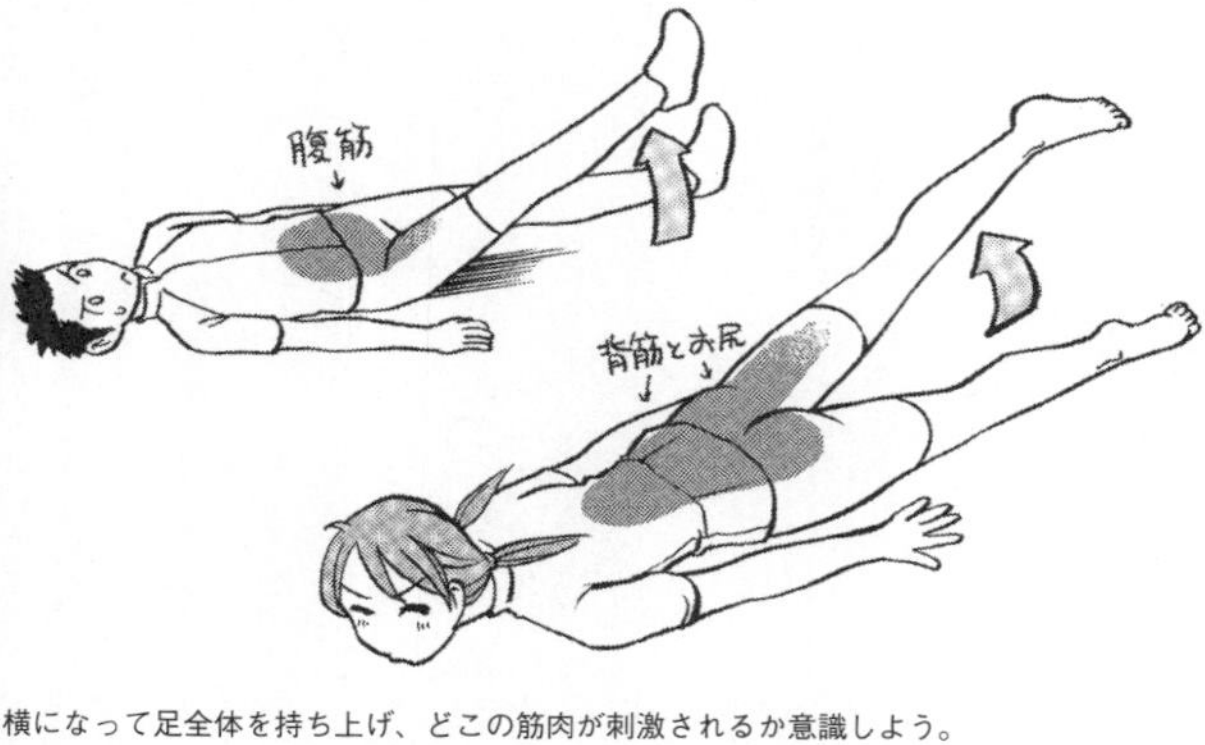

横になって足全体を持ち上げ、どこの筋肉が刺激されるか意識しよう。

の重さがテコになって掛かるため、立っているときよりも、どこの筋肉を使っているのかをはっきりと感じ取ることができるのです。

「歩く」という動作では、足を前後に動かします。

足が前に出るときには身体の前側の腹筋や腿《もも》の筋肉を、足が後ろに出るときには後ろ側の背筋とお尻の筋肉を使っています。前に荷重移動すると、上半身も自然に前に出るので、足を大きく前に振り出した状態というよりも、どちらかというと後ろ側に足を出しているような姿勢になっているはずです。

正しい姿勢で「歩く」ことができたら、鍛えにくい背筋やお尻周りなどの「身体の後ろ側の筋肉」が自然に鍛えられるのです。

お尻をキュッと持ち上げたい人や、カッコイイ背中を作りたい人、背筋の力がなくて腰痛持ちの人は、正しい荷重移動で歩けるようになることが絶対に必要です。正しい姿勢で「歩く」ことで、ある程度筋力がついてきたら、先ほどのような寝た状態で足を持ち上げる「負荷」を掛けたトレーニングをすることもできるでしょう。

「身体の後ろ側の筋肉」を自然に鍛えることができる。これが二つ目。

❸大殿筋《だいでんきん》が発達すると正しい「荷重移動」が自然にできる

まっすぐに立って、自分のお尻のお肉を両手で掴み、そのまま上に持ち上げてみてください。そうすると、足裏に感じる荷重が自然につま先のほうに移動します。お尻を持ち上げたまま歩くと、肩甲骨が閉じ胸も自然に張るので、「モデル歩き」のようなカッコイイ歩き方になります。

お尻の筋肉が発達している陸上選手や競輪選手の姿勢を見たことはありますか。お尻の筋肉が発達すると、まっすぐに立っている状態でも自然に骨盤が前傾し、足裏の荷重が前に掛かった状態を作り出すことができます。拇指球に荷重を掛けることも、それほど前のめりにならなくてもできるようになるのです。

最近、足裏の前側で着地するランニングのメソッドが流行《はや》っているようですが、お尻の筋肉が発達していない人がそのように着地する走り方をしたならば、膝や足裏を痛めてしまうでしょう。お尻の筋肉が発達していない人の場合、かかとの前側から着地して、拇指球辺りから親指辺りへと荷重が移動するはずです。

お尻の筋肉が発達して、お尻を手で持ち上げたときのような足裏の荷重で普通に立てるようになったならば、自然に今までより足裏の前側で着地をするようになるでしょう。

このような走り方は誰にでもすぐにできるものではありませんが、衝撃も少なく理想的な走り方です。しかしあくまでも理想であり、目標にするべき走り方であるということで、急にはできません。必ず上達してから次の段階へ進まなければいけません。

お尻の筋肉が発達して理想的な荷重移動ができる。これが三つ目。

ちゃんと「歩く」という動作に、こんなに素晴らしい効果があることをご存知でしたでしょうか。

大人こそ、ちゃんと「歩く」をやり直さないといけません

赤ちゃんは生まれたばかりのときには仰向けで寝ています。その姿勢で手や足を動かすことで腹筋や腕を鍛えるのでしょう。

そしてうつ伏せになってハイハイを始めます。ハイハイで手足を動かして前に進む動作をすることで、自然に後ろ側の筋肉を鍛えるのでしょう。

そして座った状態からつかまり立ち。そして立ち上がり、自然に前に荷重移動して歩き始めます。「歩く」ことで地面から返ってくる衝撃で骨や筋肉を鍛える…。とても自然な動きで理にかなった動作です。

自分に子供が生まれ、その成長していく過程で見てきたことと、今、文章にして

いる「やまめの学校」で教えていることと、共通することがあまりにも多いことに驚きます。

もしあなたが歩くだけの筋力がなくなっていたのならば、赤ん坊に戻ってハイハイからやり直さなくてはいけません。

もしあなたが衝撃も負荷も少ない自転車にばかり乗っていたのならば、骨の強さや筋力を取り戻すことをしなければいけないのではないでしょうか。

子供たちは、ペダルのついていないキックバイクに乗って、後ろに蹴って前に進むことや、背中がまっすぐのバランスの取れた姿勢を自然に身につけます。それなのに、ペダルつきの自転車に乗せた途端に、猫背で足を前に蹴り出すように乗りなさいと教えるのはなぜなのか…僕はちょっと理解に苦しみます…。

「歩く」ことは人間の基本である…もとい…正しく「歩く」ことが人間の基本動作である、ということです。

「歩く」効果を高めるノルディックウォーキングを

ノルディックウォーキングって知っていますか。ポールを持って歩くアレです。

ノルディックウォーキングにも色々な教え方があるようですが、やまめの学校式ノルディックウォーキングは、ポールを持っていないときと同じ普通の腕の振りで歩きます。ポールを前に突いたり、腕をやたらと前後に大きく振り出すことはしません。

ノルディックウォーキングのポールの先には、斜め三角形のゴムがついていて、腕に余計な力が入ったりすると、地面にゴムが引っ掛かることがなくすっぽ抜けます。やまめの学校式荷重移動で自然に腕を振って歩けば、ポールの先のゴムが地面に自然に引っ掛かり、身体が前に進む際に「多少の推進力」が得られます。この「多少の推進力」が得られたときに、上腕の裏側の筋肉や肩甲骨周りに「多少の負荷」が掛かります。この負荷は、ポールを持って歩いていなければ得られない負荷でしょう。

ノルディックウォーキングは何も持たずに歩くよりもとても楽しいものです。一時間なんてあっという間にすぎてしまいます。ポールを持って歩いていれば、森の中のトレイルや夜中の道路を歩いていたとしても、不審者に思われないのがよいと誰かが言っていましたが…。

ただ歩くよりももっと楽しく、身体の

やまめ式ノルディックウォーキングでは、腕の振りは歩く時と同じです。ポールは身体より後ろに置かれているように見えます。

裏側がより鍛えられるノルディックウォーキング、ポールは1万円ぐらいで買えるのでとてもおすすめですよ!!

3 足首を柔らかくしよう ― しゃがめなくなった日本人 ―

最近、子供の運動能力が低下しているという話をよく耳にすると思いますが、運動能力の低下は子供だけでなく大人も一緒です。しかもその原因はハッキリしています。それは、正座をしなくなったことと、トイレが和式でなくなったことです。僕たちの世代を含めて、足首の硬い日本人が本当に多くなりました。これは生活習慣が変わったことに起因しているのは間違いないでしょう。

僕が「やまめの学校」で必ず皆さんにやってもらうのが「しゃがむこと」です。皆さんもしゃがんでみてください。背中が丸くなって、後ろに倒れそうになりませんか？　ちゃんとしゃがんでいるかどうかのポイントは、骨盤が後ろにそっくり返らないことと、かかとに体重が掛からないことです。やまめの学校では、しゃがみ方を見て、どこが硬くてそうなってしまうのかを説明しています。

体感してみよう

やまめの学校には、工房をリフォームする際に出た床板の端材が置いてあります。杉板の端材の厚みは30ミリ。その床板を使ってかかとを上げた状態とつま先が上がった状態を作り出して、しゃがんだりスクワットをしてもらったりします。ご自宅に同じようなものがあればお試しください。

❶まず、かかとの下に30ミリの杉板を入れます。すると、とても楽にしゃがめるようになります。なぜでしょうね?

❷次に、つま先に30ミリの杉板を入れて、先ほどと同じようにしゃがみます。大概の人

背中まっすぐでしゃがんでみよう。右のようになれば合格! 左ならストレッチを!

は背中が丸くなって後ろに転がってしまいそうになり、しゃがむことも前を見ることもできなくなります。なぜでしょうか?

その答えは、「足首が硬いから」です。足首が曲がらないと、身体は重たいお尻のバランスを何とか取ろうとして、頭を下げたり手を前に伸ばしたりします。この状態でずっとしゃがんでいると、腿がパンパンになるし呼吸は苦しい…。でもこの姿勢、身体が硬い人が自転車に乗っている姿勢そのものではありませんか?

背中を丸めて乗る姿勢は、足首が硬い人が仕方なくなってしまう姿勢です。決して理想的な姿勢ではありません。理想の姿勢は、かかとの下に板を入れてしゃがんだときのように、前がはっきり見えて、後ろに倒れることもなく、自然にバランスが取れている姿勢です。

今度は同じように板を使ってスクワットをしてみます。

❶板なしでスクワット
❷かかとの下に板を入れてスクワット
❸つま先の下に板を入れてスクワット

いかがでしたか？　❷の、かかとの下に板がある状態でスクワットをすると、股関節も膝も自由に動きますし、スクワットがものすごくラクにできますね。❸の、つま先の下に板を入れた状態でスクワットをすると、股関節も膝もロックしてしまいませんか。たったこれだけのことで、身体の自由が利かない状態になってしまうのです。

硬い足首が、身体の動きを妨げていた！

自転車では、足首の硬さが如実にフォームや動作の素早さに影響します。足首が硬いと後傾になってしまうわけですから…。ほかにも、足首が硬いと、衝撃を吸収するという動作自体ができないし、「ペダリング」にも多大な影響が出るのです。足首を柔ら

身近に30ミリ厚ぐらいの板があれば、自宅でも体験できる。
①板なし、②かかとの下、③つま先、でスクワットしてみよう！

かくすることは、運動能力を上げることに繋がるのです。

まず**足首を柔らかくすること**。これは自転車だけでなく、正しい歩き方や姿勢のためにも絶対に必要なことです。

　身体を折り曲げることなく平坦な場所を歩くだけであれば、足首の硬さの影響はそれほど出ないのかもしれませんが、身体を折り曲げるスポーツでは、足首の硬さが如実にフォームや動作の素早さに影響します。足首の硬さがかかとに体重が掛かる「後傾」を作り出してしまうわけですから…。

　生徒さんたちに実際に歩いてもらうと、足首の硬い人は「足を前に出して」かかとに体重を掛けて歩こうとします。逆に前に荷重移動して歩こうとすると、前にではなく、どち

やまめの学校でも大活躍、ストレッチボードで足首を柔らかくしよう。

らかというと「足を後ろに出して」歩く感じになります。前者は、足首をそれほど曲げなくてもよい歩き方。後者は、荷重移動する際に、足首をたくさん曲げなくてはいけない歩き方です。足首の硬さが、フォームや歩き方にモロに影響しますね…。

　でも、足首ってどうやったら柔らかくなるのでしょうか？

　やまめ工房にはストレッチボードという斜めになった板があって、生徒さんにはまずその上に立ってもらいます。すると、ほとんどの人はまっすぐ立てずに腰が引けた「へっぴり腰」になります。足の裏側の筋肉がパチパチに張って痛くて立てない人、筋肉は痛くないが、足首に「何か詰まっている」ような感じがして、足首が曲がらない人。

　どちらも「足首の可動域を増やす」という作業が必要となりますが、前者の場合は、ある程度負荷を掛けて筋肉を伸ばしたり縮めたりして筋肉の伸縮する範囲を増やしてあげることで、まっすぐ立てるようになります。後者の場合、怪我などの影響やリハビリをいい加減にやった結果である場合もあれば、悪い姿勢を昔から続けていた「ツケ」が出ている場合もあるので、もう一度リハビリをする必要が出てきますし、「ツケ」を清算する必要が出てきます。

「ツケ」の清算方法は股関節の可動域にかかわってくるので、次の項で書いていきます…。

4 柔らかい身体を作ろう ―ＰＮＦストレッチ―

身体のいろんな部分を柔らかくすることが正しいフォームを作ることや、筋肉に負担を掛けずに素早く動くこと、そして楽に重たいギアを速く回すことや、安全に走ることにも繋がるということを、今までに書いてきました。

ストレッチをして股関節や足首などの「関節の可動域」を増やすことが、歳を重ねて筋力が落ちていっても、極端にスピードが遅くならないことや、怪我をしにくい身体を作ることに直接関係します。

ストレッチといってもいろんな方法がありますが、僕がおすすめするのは「ＰＮＦストレッチ」です。僕はこのストレッチを生徒さんに教えてもらったのですが、即効性があるということに驚きました。本当にすぐに可動域が広がるのを体感できます。

僕がこの本でごちゃごちゃＰＮＦのことを書くよりも、ネットや本で調べるとたくさんの方法が出ていますので、ここでは細かく説明することはしません。

ＰＮＦは、今までの準備体操的なストレッチとは「反対」の身体の使い方をします。

これは一例。
すぐに効果が分かるので教室では堂城校長自ら生徒に実践することも！

人間に元々備わっていた動きを利用するストレッチです。

どこか、「やまめの学校」と似ていますね。

リハビリにもこの理論は取り入れられていますし、いくらでも工夫次第で自分のオリジナルストレッチを考えることもできます。

日常生活を腰の引けた「かかと荷重」で行わないことも、効果的なトレーニングやストレッチであると言えるでしょう。

もちろん、辛抱強く「正しい姿勢」で自転車に乗ることを続けていれば、ある程度の負荷が掛かった状態で運動するわけですから、自転車で必要な部分の可動域は徐々に広がっていくことにもなるでしょう。

PNFでは、筋力トレーニングも、可動域を増やす工夫をすることでストレッチになります。それが一般的に言われている「使う筋肉を意識する」ということなのでしょう。筋力もついてストレッチにもなるのであれば最高ですね!!

年齢を重ねても身体の柔らかい人を目指そう

長年の蓄積によって「身体が硬くなってしまった人」は、「リハビリ」が必要です。スポーツを安全に長く続けたいのであれば、そろそろ「ツケ」を清算しなくてはいけませんね。

「リハビリ」と「ストレッチ」。身体の硬さの程度で僕は言葉を使い分けています。あなたはどの段階ですか？　もしかしたら「リハビリ」から始めなくてはいけない人のほうが多いのではないですか？

歳を重ねることを素敵なことなのだと感じられるか、そうでないか。

身体の硬い猫背の老人よりも、いくつになっても姿勢の良い身体の柔らかい人になりたいものです。

「身体を柔らかくしながら筋力アップもできる」

年齢を重ねていく人間にとって、絶対に必要なことですし、とても素敵なことですよね。

身体の硬い人がしなやかな「柔」の動きをできるわけがありません。身体の硬い人が仕方なくやっている「剛」の動きを、歳をとってからもし続けますか？

僕はこれからも人間にとっての理想の動作を追い求めていきますし、教える生徒さんにもこのことを伝えていきます。

もしあなたが前向きな気持ちの持ち主だったならば、どちらを選ぶかは訊くまでもないとは思いますが…。

5 体幹を鍛えるとは？

「体幹」という言葉がもてはやされていますが、「体幹」という言葉は僕のパソコンでは変換できませんでした。「体幹トレーニング」と銘打った本が、スポーツだけではなくダイエットや健康に関してもたくさん出版されていますが、そもそもパソコンが変換してくれない「体幹」とは、いったい何者なのでしょうか？

体の幹（からだのみき）と書くわけですから、木でいうところの幹に当たる部分、身体だと、お腹や背中などの胴回りの筋肉ということなのでしょう。

床に仰向けに寝てまっすぐに伸ばした片足を持ち上げると「腹筋」を、うつ伏せで片足を持ち上げると「背筋」を使うと、本章の２「『歩く』ことで身体を作ろう」（P90〜）で書きました。

この動作をするだけでも、寝ながら足を伸ばしている場合、かなりの負荷が掛かります。寝た状態で足をまっすぐに伸ばせば、足先の重さがテコになるため負荷が大きいのです。これを腹筋や背筋の力や筋肉のない人がいきなり熱心にやってしまうと、間違いなく腰痛になるでしょう。

足を前後に振り子のように動かして「正しく歩く」という動作が、筋力をつける前段階、つまり「リハビリ」段階の人がやらなくてはいけない「身体に負荷の少ない体幹トレーニング」なのです。

腹筋の運動で体幹を鍛える

僕の体幹の力は、子供の頃父親に教えてもらった空手で作られました。

背中を丸めずに様々な方向に「蹴る」動作というのは、腹筋や背筋などの前後の筋肉だけではなく、お腹周り全体の筋肉を使います。骨盤を自然に前傾させるために必要な「お尻の筋肉」も、空手などの武道で作られました。

教室に来る生徒さんを見ていると、運動をしているという人でも、腹筋と背筋の力が十分でないことに気づきました。

体感してみよう

仰向けになって、勢いをつけないように腹筋をしてみると、必ず背中が丸まります。

背中を丸めたまま腹筋を途中で止めていても、それほど辛くはないでしょう。

しかしその途中で止めた状態のまま、背中をまっすぐにして骨盤を前に起こしてみてください。

おそらく腹筋も背筋も耐えられないくらい辛いのではないでしょうか？

背中を丸めて骨盤を後傾させると、身体を斜めにして頭を遠くしていても、ほとんど腹筋も背筋も使いません。ほとんど体幹を使わない「楽な姿勢」では、スポーツをしていることにも、体幹を鍛えるということにもまったくならないのだと僕は教えています。

この、途中で止めた腹筋で、背中をまっすぐにした姿勢が何の苦もなくできるようになったとき、自分の胴体をその姿勢のまま触ってみると、物凄くしっかりとした「木の幹」のように大きな筋肉がついているはずです。

この姿勢が普通にできるようになることが、「体幹」に筋肉がついてきた目安です。

腹筋と背筋の力はどのくらい？　プルプル具合ですぐ分かる体幹チェック！

重量挙げの選手や力士の身体つきを見ると、お腹周りが物凄く太いことにすぐ気がつくでしょう。あれこそが「体幹」の筋肉です。

筋肉というものは、普段はプヨプヨとした弾力を持って緩んでいるものです。そこに力が掛かったときに初めて筋肉は縮み、硬くなるのです。

かかと側荷重で正しく立てない人は、いつも腹筋に力が入っています。それは自分の身体の中心線よりも前に足があるからです。日常生活でもスポーツでも力が抜けない人は、立ち方が悪いのです。

足を前に出してかかと荷重で歩いてしまえば、腹筋に力が入った状態で衝撃が身体を突き抜けます。身体にとって、決して良いこととは思えません。

普段から姿勢に気をつけるだけでも、「体幹」を鍛えていることになるでしょう。正しく立てる人は、常にリラックスできています。腹筋も背筋も、バランスが取れた状態で立っているわけですから、筋肉はニュートラルな状態を保っています。

「後ろ姿」がカッコ良くなる筋肉をつけよう

人間の身体の構造は、身体を後ろ側に倒すことには非常に脆《もろ》くできています。逆に、身体を前に倒すことには非常に強く、合理的にできているとも言えるでしょう。

空気椅子のように後傾で運動をすれば、足を太くすることも、腹筋をカチカチにすることもできるでしょうが、それは僕が教えている自転車の乗り方では「余計な筋肉」であって「必要な筋肉」ではありません。

やまめの学校で教えている乗り方をすると、背筋や肩甲骨周りなどの、身体の裏側にある筋肉を使います。

僕は、「後ろから見た立ち姿がカッコイイ」人ほどカッコイイと思っています。

肩甲骨周りの筋肉、引き締まった胴回り、背筋、引き締まって持ち上がったお尻、スッときれいに見える足。

絶対に人間のカッコ良さは「後ろ姿」です。顔も見えませんしね…。

不自然に割れた腹筋や胸の筋肉を見ても、ああなりたいと思ったことは一度もありません。

自分の身体の重さを使った負荷で十分ですから、身体をどう動かすとどこの筋肉を使うのかを感じ取りながら、自分なりに工夫して「体幹」をしっかりさせていくことをしてみませんか？　猫背にならない乗り方には必須ですから。

歩き方やストレッチの項に、たくさんヒントは書きましたので、無理せず自分の現状に合った筋力トレーニングをしていってください。

6
心肺を鍛えよう ―良い心臓とは―

心肺機能の強化というのは、自転車だけでなくすべてのスポーツに共通する運動の目的の一つです。では、どんな心肺を作るのが目的なのでしょうか？　スポーツをする上で「良い心臓」とはどんな心臓なのでしょう。

僕が考える「良い心臓」とは、回復力の早い心臓です。回復力の早い心臓は、どんなスポーツにおいても必要です。激しい運動をしても少し休むだけですぐに元の心拍に落ち着きます。それを繰り返し繰り返し行える心臓があれば、山を上りに行っても途中でペースアップが自在にできるようになったり、苦しいところからのもうひとがんばりができるようになります。

では、その回復の早い心臓を作るには、どうしたらよいのでしょうか？　何度も何度も心拍数を上げ下げするトレーニングといえば、インターバルトレーニングです。皆さんも、インターバルトレーニングという言葉を耳にしたことがあるかと思いますが、実際にやっている人は少ないでしょう。

頭の中が真っ白になるくらい猛烈な勢いでもがいて倒れ込み、吐くまで追い込む。

インターバルトレーニングに、そんなイメージをお持ちかと思いますが…ズバリそのとおりです。ただしここまでやるのは選手の話であって、初心者や趣味でやっている人がここまでする必要はないと思います。というより、ここまで追い込める心臓のベースができていない人が、急激に激しい運動をすること自体、とても危険なことです。でも良い心臓を作りたい。運動をするからにはおいしいご褒美、つまり運動の効果を体感したいと誰もが願うものです。

「こまめに止まる」ことがインターバルトレーニングになる！

では、誰でも良い心臓が作れる方法をこれから教えますね。それは、**「こまめに止まること」**です。自転車だけではなくウォーキングでもジョギングでも構いません。とにかく、こまめに止まってください。

自転車に乗って一生懸命走っているときに、信号につかまりました。信号待ちで止まっていると、なぜだか走っているときよりもハアハア呼吸が苦しい…。ＭＴＢで森の中のシングルトラックを気持ちよく走ってきて止まりました。走っているときより止まったときのほうが、呼吸が苦しい…。そんな経験をしたことはありませんか？それを繰り返すということは、強度は低いですが、間違いなくインターバルトレーニングになっているのです。

なるべく止まらないで100キロ走りたい！　そんな願望をお持ちの方。それは心臓のベースを作る目的としては最高かと思いますが、回復力の早い心臓を作ることにはなりません。連続して止まらずに走りたい…というより、しんどいから止まりたくないというのが本音ではないでしょうか？

実際、休憩後に走り出すと、身体が重く感じたり、しんどさを感じることが多いのです。止まらないということは、走り出しのしんどさを感じたくない、つまり「楽」をしているわけですから、良い心臓を作ることを目的としたトレーニングを「さぼっている」と言ったところでしょうか。

僕は、この強度の低いインターバルトレーニングに名前をつけてあげることにしました。それが**「スロー・インターバルトレーニング」**です。

低い強度で行うわけですから、初心者やひさしぶりに運動をする人にとっても、無理なく続けることができるトレーニングです。日本人には、「追い込んでがんばらなければ運動をした気にならない」という人が多いように感じます。強度の高い運動をするためには、まずそのベースになるものが必要なのに、何もない状態で強度の高いことをやってしまう。へたをしたら死にますよ…。「水を飲むな、バテるぞ」…現代でそんなことを言う指導者がいたら、大変な問題になるでしょう。昔の常識は、今では非常識なことがたくさんあるのだということを知ってください。高い強度のインターバルトレーニングが必要な人は、自転車以外のスポーツでやったほうがよいです。無理をすると自転車のフォームが崩れますから…。

この「スロー・インターバルトレーニング」には、良い心臓を作る以外にも、様々な効果があります。まめに止まることがトレーニングになるのならば、信号無視をする人を止めることができるかもしれません。まめに止まることで、きれいな景色を楽しみながら水を飲むことだってできるわけですから、身体にも精神的にも、素晴らしい効果があるのではないかと思います。

たとえば…いつも旦那さんと一緒に走っている奥さんがいたとしましょう。

奥さんはいつも旦那さんに置いていかれて、待ってもらったり、ペースを合わせてもらったりしています。なんだか寂しいというよりも申しわけないような気持ちで、楽しいはずの自転車がだんだん辛くなってくる…。旦那さんがいくら優しい人でも、申しわけない気持ちで自転車に乗っていては、絶対に楽しくないはずです。

でもこれからはこう言ってみてはいかが?

「マメに私を待つことで、あなたの心臓を丈夫にしてあげているのよ!」

やまめの学校 コラム 3

姿勢のプロ

やまめの学校の生徒さんには、様々な職業の方がいらっしゃるのですが、意外と多いのが身体を治すプロの方々。お医者さんもいれば、接骨院の先生、歩き方や姿勢の先生もいらっしゃいますが、あるお医者さんに、やまめの学校で教えていることは「予防医学」ですねと言われたことがあります。

姿勢を直すことで、病気にもなり難い身体を作ることができるそうです。

やまめの学校では、10年後20年後、今よりもっと上手に楽に走れるような内容で教えていますから、たしかに「予防医学」的ではあると思います。

ストレッチや姿勢を教えている専門家の先生に、とても理想的な立ち方と姿勢をしていると言われたことがありました。その先生はSSS（スリーエス）という、キックボクシングの選手である兼子ただしさんの経営する、ストレッチクリニックのトレーナーです。

身体の使い方や姿勢は、どんなスポーツも共通であるというのが僕の考えですが、このとき言われたことで、僕の「理想の姿勢」の考え方が間違えていないと確信しました。

一点で身体を支えるプロが姿勢や歩き方の先生だとしたなら、僕は三点支持のプロ。

一緒にＭＴＢで階段を上りに行ったら、三点支持の自転車は「めちゃくちゃ難しい」と言っていました。

様々なスポーツの選手や、他の業種の人たちとの交流が、やまめの学校を通じて広がりました。世の中にはいろんなプロの方々がいるわけですから、姿勢の悪い人は、まず姿勢のプロに習いに行ってはいかがでしょうか？

第四章

やめのフィッティング

どんな自転車がいいの？
ポジションってどう出すの？
誰もが知りたいフィッティングのお話。

1 自転車のサイズのお話

自転車のサイズを選ぶときに、皆さんは何を基準にして選んでいますか？　おそらく、自分の身長をメーカーのカタログのサイズチャートに当てはめて選んでいると思います。もしくは、お店の人がすすめるサイズをそのまま選んでいるのではないでしょうか？

最初の1台はそれでも良いと思います。というよりも、最初に乗る自転車のサイズを自分で選ぶなんてできないと思います。けれども、7千円でママチャリが買える時代に、何十万円の自転車を買う…。5万円でもかなり高価な自転車だと思いますが、そんな高い買い物をするのに、サイズは人任せで色しか選ばないなんてもったいないですよ!!

仮にあなたがロードバイクを持っているとします。

あなたの自転車のシート角は何度で、トップチューブの長さはどれくらいですか？

この質問をやまめの学校の生徒さんにすると、まず答えられません。知っているのはS・M・Lか、シートチューブの長さくらいでしょう。

メーカーのカタログには、サイズによる違いが一目で分かるように、必ずジオメトリー表がついています。ジオメトリー表が分かるようになれば、そこから得た情報でハンドリングやその自転車の特性までイメージできるようになるのです。

「大きめのフレーム」ってどんなフレーム?

僕の言う大きめのフレームとは縦に大きいフレームではなく、横に長いフレームです。僕が大きめのフレームのほうが乗りやすいと言っているのは、僕の教えている乗り方の適正なハンドル位置が出しやすいからです。いろいろ試してみて、特に前（フロントセンター）の長いフレームは、下りの安定感、スピードの落ち難さ、コーナリング、立ちこぎ

持っている自転車でたくさん練習してはじめて自分の欲しいフレームが見えてくる！

のすべてにおいて優れていると感じました。ただし猫背の人は長いフロントセンターの恩恵はほとんど感じないかと思いますし、むしろ前の短いフレームを好むようです。

僕が乗っているカーボンバイクのブランドの場合、フレームサイズが［52］［54］［56］辺りだと実はホイールベースはほとんど一緒です。［52］とはシートチューブ長が52センチということです。

僕はシートポストがやたらとたくさん長く出ているロードバイクがあまり好みではありませんし、ハンドルとサドルの落差をあまり多く出すことをしません。そのため自分のバイクは［56］というサイズを選び、フロントフォークを交換してフォークのオフセットを43ミリから53ミリに変えました。

FS	FC	RC	WB	HD	トップ長(芯芯)	ヘッド長(全長)	SA	CA	OFF	TL
560	600	405	996	70	560	132	74.0度	73.0度	45	56

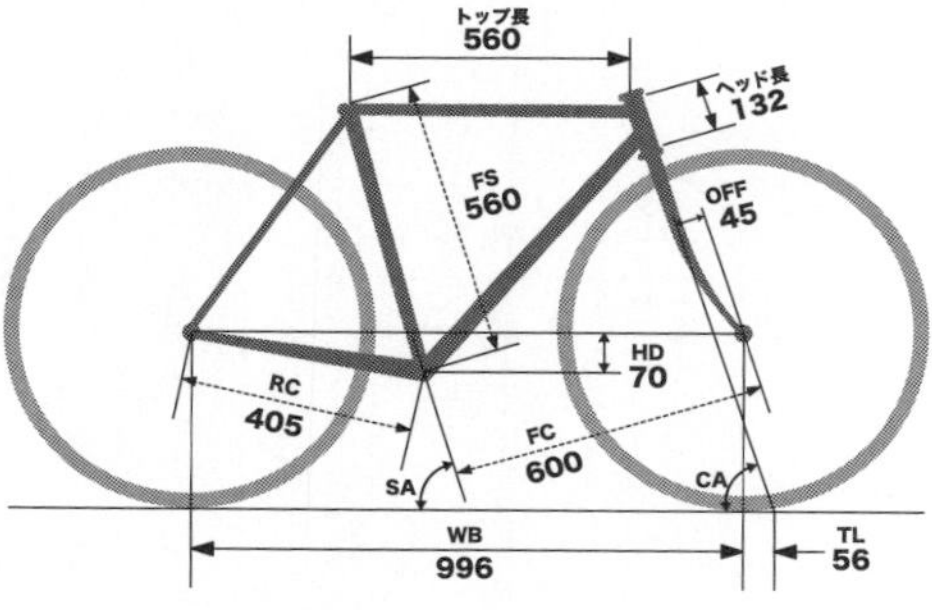

堂城賢大絶賛！「ザ・ミヤタ」サイズ560のジオメトリー
ミヤタサイクル http://www.miyatabike.com/project/japon/bike_themiyata.html

［52］でもホイールベースはほぼ一緒なのですが、ヘッド角が寝ているので、フロントセンターを伸ばすためにフォークのオフセットを変えると間違いなく変なハンドリングになってしまいますし、ステムの下にたくさんヘッド・スペーサーを入れるのはカッコ悪いですから…。

おかげで僕のロードバイクのフロントセンターは約６００ミリとなり、ハンドリングもコーナリングも非常に満足のいくものとなりました。ヘッドチューブの長さも十分あるため、ステムの下にスペーサーを入れる必要もなく、格好も悪くなりませんでした。

それは29インチのマウンテンバイクのように、フロントセンターが長いジオメトリーです。僕のように、身体が柔らかく股関節からしっかりと身体を深く折り曲げられる人であれば、29インチのように前が長いフレームが理想です。

立ちこぎ（あえてダンシングという言葉は使いません）や深いおじぎでスピードを出す姿勢をしたときもフロントタイヤに過剰に荷重されることもないですし、コーナリングは荷重を掛けさえすれば速いスピードで曲がることもできます。

ブレーキを掛けただけで前輪が刺さるような、フロントセンターの短いフレームを僕は好みません。

背の高い人がフロントセンターの短い自転車に乗っているのを見て、もっと前が長いフレームがあれば怖くなくなるだろうな…と思うことは多々あります。

多くの日本人の場合、背の高い人で極端に腕の長い人でもない限り、ツール・ド・フランスを走っている外国人選手が乗っているような、ハンドルとサドルの落差が極端にある自転車にはならないでしょう。自動車でも自転車でも、レーサーの定義があるならば僕は「低く長く」だと思っています。縦に長く見える自転車にはレーサーのフォルムとして違和感を感じます。

女性用のフレームって本当に必要ですか?

女性用と謳われているフレームには、フロントセンターやトップチューブ長が極端に短かったり、ハンドル幅も極端に狭くステムも短い、ヘッド角をやたらと寝かせてある自転車が多いように感じます。しかし、やまめの学校に来られる生徒さんを見る限り、ヨガなどをしていて身体が柔らかくて姿勢のよい女性が多く、男性に比べて手足の長い人もとても多いのです。本当に女性専用のフレームって必要なのでしょうか?

女性は頭の位置を高くしてアップライトにして乗らなくてはいけないのでしょうか?

コケたときに、高いところから頭を打ちつけてもOKなのでしょうか？　下りでブレーキを離せばスピードが出ちゃうのは男性用も女性用も一緒なんですよ。フロントセンターを極端に詰めたり、ヘッド角を異常なまでに寝かせたりして、無理にトップチューブを短くする必要はあるのでしょうか？　気持ち悪いハンドリングのバイクでもよいのでしょうか？　そもそも女性専用のフレームって何？　とさえ思います。

男性と同じトップチューブ長のフレームであっても、小さなサイズのスローピング※フレームであれば、ステムの長さやハンドルのリーチや形状を工夫することで、小柄な女性でも何の問題もなく乗りこなせます。よほど小さな人でない限り、市販の普通のフレームで十分に間に合うと僕は思っています。それでも大きいのなら無理して作った女性専用の700cより、26インチのほうが絶対に良いと思います。

もしメーカーが女性用のバイクを本気で作るというのであれば、握力のない手の小さな女性でも変速やブレーキが容易に操作できるブレーキレバーやシフトレバーを、先に開発してください。多くの女性はフレームなんかよりも、ブレーキや変速に困っていますから。

※スローピングフレーム：トップチューブがサドルに向かって斜めに下がっているフレームのこと。

まず今の自転車を乗りこなすことから始めよう

二章の3「三点支持は面白い —腕の荷重—」（P66〜）でも説明しましたが、ハンドルに荷重はしても、荷重が掛かりすぎないことが大切です。それは女性であれ男性であれ変わりません。まして深いおじぎができるようになっていかなくてはならないのですから、あらかじめちゃんとした大きさのフレームを選んでおきましょう。そうすれば後々自分が上達した際に、無駄な出費をしなくても済みますし、フロントセンターやトップチューブが短い自転車に合わせた、無理な乗り方をする必要もまったくないと強く思います。実際には理想的なフレームを初めから選ぶことは難しいことなのかもしれませんが…。

多くの自転車メーカーは、自動車であれば「外車」なのでしょうが、様々な国で販売され、様々な体形の人が乗れるように工夫されているわけですから、ステムの長さやサドルの位置をちゃんと調整すれば、とんでもなく乗りにくいということはありません。どちらかというと、せっかく時間を掛けて設計したフレームを、乗る人が「ちゃんと」乗りこなせていないことや、ジオメトリーから乗り味を判断することができないことに問題があって、自転車にはまったく罪はないと思います。

「胴長短足」の日本人体形には、身体の柔軟性が出てきた際には長いトップチューブと長いステムが最終的に「必要」になってくるわけであって、今すぐに「必要」なわけではないということも書いておかなくてはいけませんね。自転車を持っているのなら、新しいモデルに飛びつくより、今持っている自転車を乗りこなすことや、サドルの位置、ステムやハンドルを替えて調整することのほうが先でしょう。まだ自転車を持っていなければ、買う前にやまめの学校に来て勉強をしてくれたら…といつも思います。レンタルがありますから。

ハンドル位置は正しいおじぎで手をふった軌道上ならば、「高くて遠い」も「低くて近い」も同じフォームを取ることができます。ですからまず自分の筋力や柔軟性がどれくらいで、自分はどのくらいのハンドル位置を快適と感じるかを知ることが大切だということです。そして、自転車は身長をサイズのチャート表に当てはめて買うものではないのだということも知ってください。高い買い物をするわけですから、お店にすべて「お任せ」で自転車を買うのは、2台目からは卒業したいものです。

26インチと29インチのマウンテンバイクはどう違う？

僕が乗り続けてきた29インチのマウンテンバイクは、クランクのつけ根（BB）がかなり低く、シンプルに言えば後ろが短くて前が長い自転車です。この29インチの自転車でカーブを曲がるためには、積極的に荷重を前に持っていかなければ「まったく曲がらない」ということにあるとき気がつきました。

マウンテンバイクですから、立って下ることが多いのですが、立って下るときに「ちゃんと」拇指球《ぼしきゅう》辺りに荷重できていると、身体は素早く動くことができ、大きな衝撃も自然に吸収できることに気がつきました。また、どんなときも常に「拇指球辺り」に荷重ができていれば、いつでもクランクが回せるということにも気がつきました。そして、BBの位置の違いは、スキーのビンディングの取りつけ位置の考え方と同じなのではないかと推測するようになりました。

29インチも26インチも、実際にホイールベースを計ってみると、実はほとんど一緒です。大きく違うのはBBドロップ（ハンガー下がり）と呼ばれている、前後の車輪の中心を結んだ線よりBBの位置がどれくらい下がっているかを表す数値くらいです。多くの29インチは60ミリくらい下がっていて、26インチの場合は30ミリくらいしか下がっていません。

地面からBBまでの高さは26インチも29インチも一緒なので、足つきは変わらないのですが、車輪の半径が大きな29インチのほうが、車輪の中心が高い位置にあるため、

BBドロップの数値が大きいということです（難しいですか？）。

26インチのほうが乗ったときに腰高に感じるくらい軽快なのはそのためで、ヒラヒラした腰高ゆえに、荷重移動やブレーキングがシビアではあるけれど曲がりやすいといった特性を持っています。

29インチは、低重心で安定感はあるが、積極的に前に荷重することができなければ、平地では曲げることができない。下りの際はフロントセンターが長いため、ブレーキを掛けてもつんのめるような挙動を起こしにくく、滑降系のスキーのようにスピードが出るといったところでしょうか。

29インチでよく言われるデメリットは、ハンドルが高くなることや、トップチューブが

26インチと29インチのマウンテンバイクを比較すると…。

長いことですが、僕の教えている乗り方ではどれもメリットでしかありません。低い姿勢が取りやすく速度が出ても安全だからです。

ＢＢの高さが30ミリも違えば、ホイールベースと前後の比率がほぼ同じであっても、これほどまでに印象は違うものなのです。最近増えてきている６５０ｂという規格のマウンテンバイクは、その中間的な特性を持っているだろうということは容易に想像がつくはずです。

腰高でブレーキングや荷重変化に敏感な26インチのマウンテンバイクでは、正しく乗れなければ速度が落ちてしまったり、少しバランスを崩しただけで、前転する可能性が高いと僕は感じました。

誰にでも曲げやすい26インチの自転車か、スピードを出す姿勢をしたときに最高の走りをする29インチの自転車なのか？　僕は下りでブレーキを掛けたときでも安定している後者を選びました。

ジオメトリーから走りのイメージを膨らまそう

ジオメトリーを知ることは、その自転車のスピード域や用途、どのような姿勢で乗るべきかを知ることです。

スキーにたとえると、回転系の板なのか、滑降系の板なのかの違いだと僕は思っています。用途によって寸法が違ってくるのは当たり前のことでしょう。

前後の荷重は、フレームを横から見ればイメージできるでしょうが、ハンドリングや直進性はヘッド角やフォークのオフセットで決まります。

ダウンヒル用のマウンテンバイクは、急な下りを下ったときに最高のハンドリングやペダリングになるようにフォークの角度やシートの位置が設計されています。

ヘッド角が寝ているフレームは、平地の直進状態での安定感は抜群ですが、カーブでハンドルを切って曲がるとあるところからカックンとハンドルが切れ込んだりします。ただ下りでは、ものすごく安定感があるように誰でも感じられると思います。

腰が引けて荷重不足だったり、バイクを寝かせて曲がれないといった技術不足も大きくかかわるので、どんなジオメトリーのバイクも「ちゃんと」した姿勢が取れることと、バイクをコントロールできる技術が必要なのは言うまでもありませんが…。

やまめの学校式理想の自転車選び

初めて買う自転車からジオメトリーのオーダーをすることなんてできないでしょうから、1台目の自転車はサイズが極端に小さすぎなければ何でもよいと思います。

そして高い自転車は必要ありません。
最初の1台は安定感のある比較的重めの自転車で練習して、フォームが決まってきたらステムやハンドルでポジションを調整。その自転車を完璧に乗りこなせたのならば、重い自転車よりも乗りこなすのが難しい軽い自転車に挑戦してみる。そのとき、1台目の自転車のジオメトリーで、どこに不満があって、どこをどうしたいのかを理解した上で、新しいジオメトリーの自転車を組むというのはいかがでしょうか？　立ちこぎでハンドルと膝がぶつかったり、カーブで前輪とつま先がぶつかるようなフロントセンターの短いフレームは、僕には恐ろしくておすすめすることはできません。

余談ですが…この間手に入れたミヤタのスチールフレームは、フレームサイズが大きくなってもシート角は一緒で、ちゃんとトップチューブとフロントセンターが長くなってる…。この寸法を引いた人はえらい！！！　と感じたので、思い切って買いました。
持つと重いけど走りは最高に軽い、思っていたとおりの理想的なジオメトリーでした。

メーカーさんはジオメトリーを公表しましょうよ！

自転車のジオメトリーは、メーカーのカタログやＷｅｂサイトを見れば出ています。しかし、多くの自転車メーカーのジオメトリーは、肝心なところが抜けていて、とても大切な情報であるホイールベースやフロントセンターなどが、書かれていないことが多いのです。

ＢＢの位置がホイールベースに対してどの辺りにあるのか？　僕が一番知りたい情報は、なぜか書いていないことが多いのです…。シンプルにしすぎですよ…。

フレームを設計する時点で、ちゃんとしたジオメトリーの表はあるはずですから、メーカーさんは「そんな細かいところまで見ないから必要はない」なんて言わずに、せめてフロントセンターの数値だけでも明記してください。お願いだから…。

2 姿勢ができればポジションは簡単

フォームを教えずに自転車のフィッティングをすることはできません。やまめの学校に来る生徒さんもそうですが、この本を読んでくださっている方のほとんどが「ポジションを知りたい」と思っているのではないでしょうか。でもポジションがどうのこうのという前に、姿勢を作ることが一番大切なのです。

背中を丸めた姿勢でポジションを出そうといくら必死にがんばっても、お腹の凹み加減はいつも一緒ではないので、足を蹴り出す方向も、力が掛けられる方向もいつも違いますし、ハンドルの遠さがいつも違ってしまいます。そのような状態であれば、一生「ポジション出し」に振り回されることとなるでしょう。

僕が理想とする乗り方は、おじぎという「人間が自然にバランスを取る動作」が基本になっています。おじぎの姿勢は、お腹を凹ませた猫背の姿勢とは違い、誰でもいつでも同じようにできます。ですから、よほど太ったり痩せたりしない限り、常にポジションが変わらない乗り方だということです。

僕の考えるやまめのフィッティングとは、その人その人の理想の姿勢に自転車を合わせることです。小さい自転車に無理やり身体を合わせることではありません。あまりにも身体が硬く、どうしても背中が丸まって小さく乗ってしまうような人には、それに合わせて小さく自転車を作るのではなく、「身体を柔らかくすることのほうが先である」理由を説明しています。自転車に乗ることよりも自転車に「ちゃんと」乗れる身体を作ることをおすすめしているのです。

ポジションとは、股関節から身体を折り曲げたおじぎをして、足の裏は拇指球に体重が乗った状態を作り、手を振り子のように振ったところにハンドルがある。それだけです。では一つずつ見ていきましょう。

手の位置にハンドル、お尻の位置にサドル

❶ どこにハンドルが欲しいですか

おじぎをして両足の拇指球に体重を乗せた姿勢を作ります。そのまま手を振り子のように振った軌道に、ドロップハンドルの「下ハンドル」「ブレーキのブラケット」がくること。ここがあなたのハンドルのポジションです。

この方法だと「下ハンドル」を持っても呼吸が苦しくなりませんし、前が見づらいこともありません。胴や腕が長ければステムが長くなって遠くなるでしょうが、トップチューブの長さには限界がありますから、ステムを伸ばすにも限界があります。その場合はハンドルを低くして下のほうに低く遠くしていく

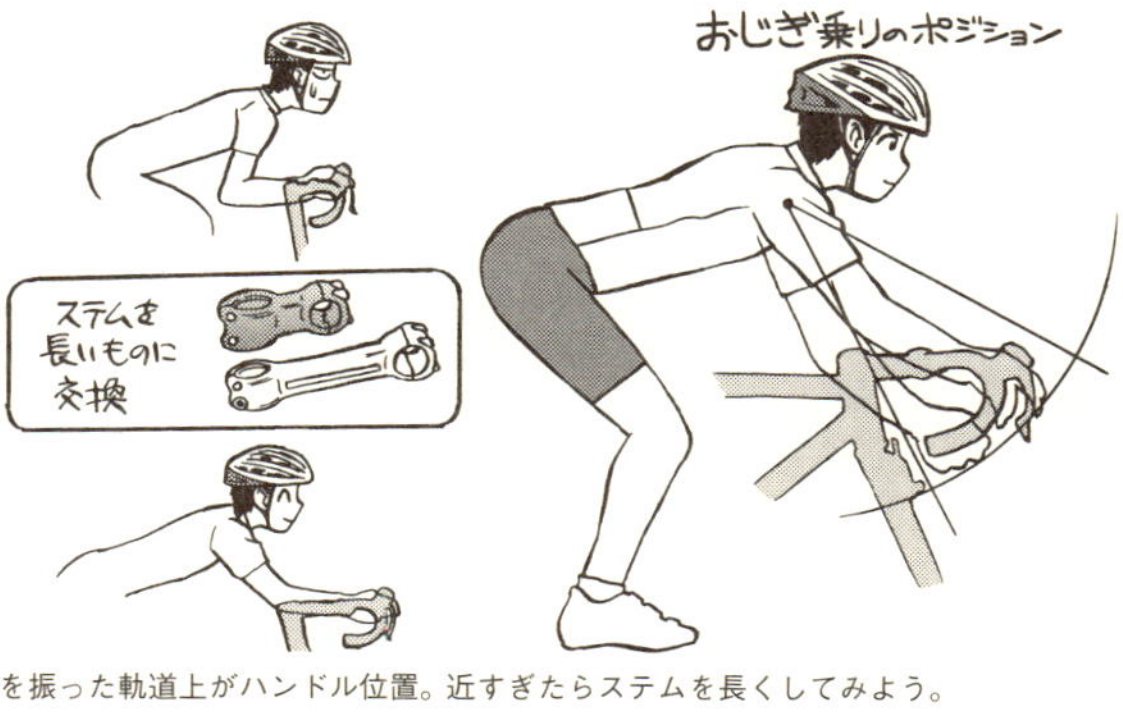

手を振った軌道上がハンドル位置。近すぎたらステムを長くしてみよう。

ことになります。

とてもシンプルですね。

もちろん、手を振り子のように振った軌道の上であればどこでもいいとすれば、近くて低い場所にブレーキのブラケットや下ハンドルを持ってくることは可能です。しかし、背筋力のない人が「近くて低いポジション」を作ってしまうと、手を乗せているハンドルに頭の重さがどっかり乗ってしまい、足への荷重が減ってしまいます。手もしびれるでしょうし、スピードを出すために腹筋・背筋で身体を長い時間支えることができなくなって、きっと背中を丸めてしまうでしょう。

身体を起こした「浅いおじぎ」で乗ることも、身体を寝かせた「深いおじぎ」で乗ることもあるわけですから、手にどっかりと荷重の掛からない、どちらの姿勢も取れる位置にハンドルの高さを設定することをおすすめします。

❷どこにサドルが欲しいですか

ハンドルのときと同じ姿勢をしてください。このときのお尻の下があなたのサドル位置です。その際1時7時のペダリングになるよう、1時のところで腿《もも》が最も高くなることを確認します。

サドルの高さは、おじぎの姿勢で足が7時の場所のときに、一番楽な膝の曲がりになるよう合わせます。

股関節から身体を曲げて深いおじぎの状態でサドルに座ると、尿道が圧迫されるという人がいますが、これはだいたいハンドル位置に問題があります。ハンドルが低すぎたり近すぎると頭の重さや腕の重さが「ちゃんと」前に掛けられないのでお尻に荷重がたくさん残り、「痛い」「圧迫される」ということになってしまいます。また、速く走っていれば足に荷重がたくさん乗るので、サドルへの荷重は少なくなります。

ゆっくりしか走れない間は、「面」でお尻を支える幅の広いサドルにすればよいのに…と生徒さんのサドルを見て思うことがよくあります。極端な軽量化によりお尻を「点」でしか支えられないカチカチペラペラサドルより、「面」で荷重を分散するサドルのほうがゆっくり走ってもお尻が痛くならないし、フォームも崩れません。硬くても「面」で荷重が分散するサドルは、速く走ってもゆっくり走っても痛みが少ないことを知ってもらいたいといつも思います。

僕が最近愛用しているサドルは、サンマルコのリーガルというサドルです。一見前後に短く見えるサンマルコ・リーガルですが、前後に長く横幅が狭いサドルよりも、前後にお尻を移動しやすいというのが僕の率直な感想です。見た目が長いからといって、前後に荷重移動しやすいわけではないのだということも知っておいてください。

レースに出ている人は、サドル位置をボトムブラケット芯より50ミリ後退させて水平にしなくてはいけないという規定があるのはご存知だと思いますが、深いおじぎができていれば、何の問題もなくこの規定はクリアできるでしょう。サドルの高さと位置は、正しいフォームで自転車に乗ってもらい、前側の足が1時のときには荷重が足に掛かり、3時のときには荷重が足に掛かり難い場所にするのがやまめ流です。

その理由は二章の1「自転車に乗っているときにやってはいけないこと」（P50〜）に書いたように、前輪が地面に刺さらないようにするためです。

❸クランクの長さは?

僕の自転車のクランクの長さは、自転車によって180ミリだったり177・5ミリだったり175ミリだったりします。身長が171センチの僕が使うには「常識外れ」な長さだと思います。…そもそも誰がその「常識」を作ったのかは僕は知りませんが。

クランクという部品は、長ければ長いほどテコが効くので、小さな力で大きな力が生まれるのだということは考えれば分かると思います。

しかし自転車の場合は乗る人の姿勢によって、長いテコが逆効果になることがよくあります。背中を丸めて骨盤が後ろに倒れている人は「後ろ足に荷重」しているのですから、後ろ向きにテコが効いてしまうので、これでは「シーソー」です。猫背で内股ペダリングの人は、短いクランクでなければお腹周りが窮屈になるので、短いクランクしか使えないということですし、「シーソー」では「テコ」としてクランクを使えません。

長いクランクを生かすためには、後ろ足の荷重が「ちゃんと抜けている」ことが絶対条件です。「ちゃんと」股関節から身体を折り曲げてお尻が後ろに引けるようになれ

長いクランクで速く走りたければ、後傾を直し身体を柔らかく！

ば、後ろ側の足の荷重が抜けて、前側の足への荷重が増える。このことを忘れてはいけません。ですから、正しいフォームができるまではクランクの長さはそんなにこだわらなくても問題ありません。

矢沢みつみさんという164センチの女性ライダーの29インチを組んだとき、僕は180ミリのクランクをつけました。彼女自身が今まで見たことがないくらいの足首の柔軟性を持ったライダーであるということと、スキーの腕前がプロ級だということを加味して作りました。その29インチで全日本選手権を走った彼女は、まったく練習ができていない状態だったにもかかわらず3位…なんてこともありました。このバイク、600ミリのトップチューブ長に120ミリのステムがついていましたが、彼女はこのバイクでも小さく感じることがあるそうです…。

29インチのマウンテンバイク自体が世の中では「常識外れ」な大きさの自転車なのですから、誰もが常識外れだと思うことをしても、29インチに乗り続けた僕の中では「普通のこと」です。猫背の乗り方の常識はまったく当てはまらないのです。

やまめの乗り方では膝は1時のときに一番高いところに来ますから、たかが5ミリのクランク長の違いにこだわらなくてもいいのです。クランクの長さは、身体の柔軟性と正しいフォームができているかどうかで決まるというのが、「やまめの学校」の考え方です。長いクランクにしたから「速く走れる」わけではありません。

常識にとらわれず、もっとシンプルに考えて工夫することが大切だと僕は思います。

❹ペダルのクリートはどこにつけますか

皆さん、ペダルのクリートはどこにつけていますか。

ロードでもマウンテンバイクでも、クリートは拇指球辺りにある、身体に軸が生まれるピンポイントの場所につけられたら理想的です。

では、クリートの位置はどうやって決めたらよいのでしょう。

答えは、ペダルの上で屈伸してみることです。一章の3「自転車の真ん中に乗ろう」の「体感してみよう」（p22～）で実験したように、身体が軽快で楽に速く動くところが軸が生まれる荷重位置でしたね。それと同じことをペダルの上でやってみます。まず自転車を安全に固定して、ペダルの上でスパッと屈伸できるポイントが見つかれば、そこにクリートを付けてみてください。

荷重の掛かっていない場所にペダルのクリートがついていると、ペダリングをした際にまず最初にかかとが下がります。ちゃんと荷重が掛かっている場所にクリートがついていれば、かかとは絶対につま先より下がることはありません。

マウンテンバイクはロードよりもクランクの回転が遅くなることが多いので、荷重の掛かる場所が若干後ろになることもありますが、腰の入った姿勢の人であれば、ロードもマウンテンバイクもクリートの位置はそれほど変わらないはずです。深いおじぎで頭が前にあり、ハンドルが遠いロードのほうが、クランクの回転数が若干高いため、僕は少しだけクリートを前につけています。

以前は、身体が硬い生徒さんは、荷重がどうしてもかかと寄りになってしまうので、ペダルの一番後ろにクリートをつけてあげて、柔軟性が上がって深いおじぎができるようになったら、クリートを拇指球の方に移動させていました。今は最初から理想の位置にクリートをつけることで、理想の荷重位置でペ

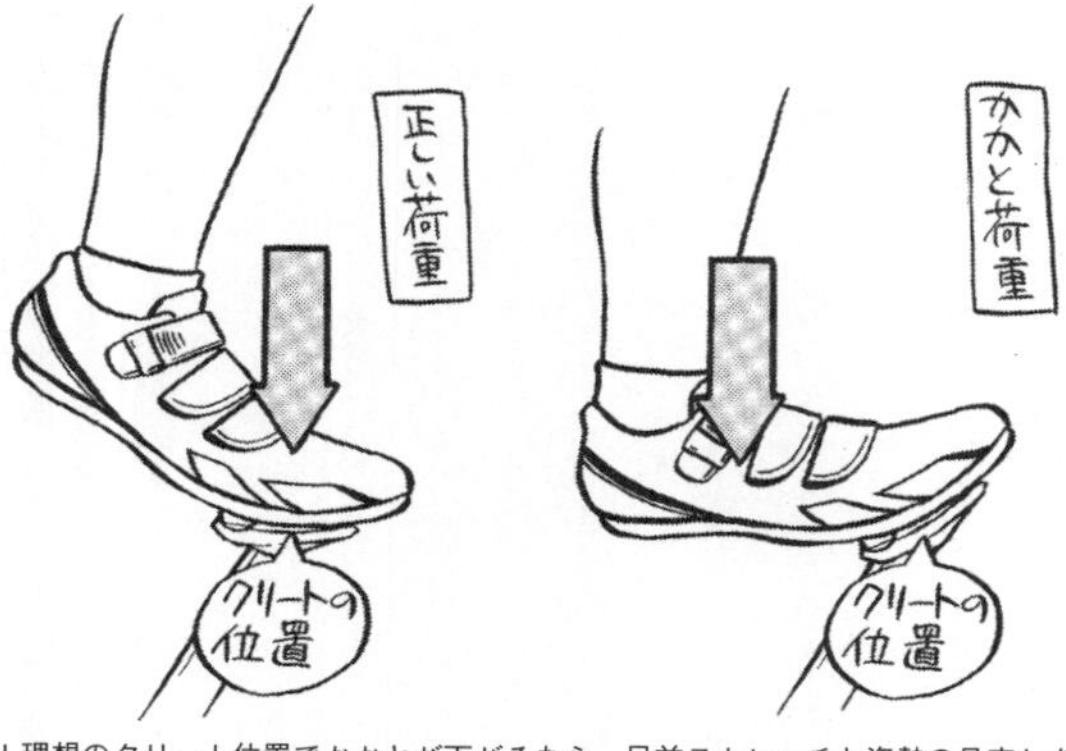

注意！理想のクリート位置でかかとが下がるなら、足首ストレッチと姿勢の見直しを。

ダリングすることのほうを重視するようにしています。

姿勢やクランクの回転数でクリートの位置は若干変わりますから、僕はどんな姿勢になっても大丈夫なように少し大きめの靴を履いて、靴の中で足の前後位置を変えることで、常に荷重が掛かっている場所にクリートが来るように「小細工」したりもしています。

二章の４「三点支持は面白いー足の荷重ー」（Ｐ72〜）でも書きましたが、足裏の荷重位置は「歩く」、「走る」で変化するので、クランクが速く回った場合とゆっくり回っている場合では、「若干」クリートの場所は変わらなくてはいけません。しかし、ビンディングシューズはクリートの位置を変えることができないため、このような「小細工」をしているわけなのです。

引き足を使わないから、大きめの靴でも脱げることはありませんので、もし大きめの靴を持っているようでしたらぜひお試しを。

❺Ｑファクターに注目しましょう

Ｑファクターという言葉を耳にすることがあるかと思いますが、これは左右のペダルの幅、つまりスタンスが狭いか広いかということです。

Ｑファクターを狭くというのは、猫背で内股のペダリングの人の場合です。内股でQファクターが広いと、トイレを我慢している人みたいでペダリングしにくいですから。このことは二章の2「最重要　やまめの学校式『荷重移動の定義』」（P54～）でも説明しましたね。

やまめの学校の「おじぎ乗り」の場合、Qファクターは広めになります。狭いままだとO脚っぽくなってしまいますし、腰を入れて乗るとお腹がポッコリ膨らむので、Qファクターが狭いままだとペダリングをした際にお腹を蹴飛ばしてしまうことにもなります。いずれの場合でも、違和感があるというのはよくありません。

クランクの長さ分だけ前後に足を開いて、ワイドスタンスとナロースタンスのそれぞれで前に荷重移動するとよく分かりますが、ワイドスタンスのほうが後ろの足の荷重が抜けやすいのです。

ナロースタンスだと、縦方向の距離が長くて、横方向の距離が短い。ワイドスタンスだと、縦方向の距離よりも横方向の距離のほうが長い。前後左右の比率の違いによって、後ろ足の荷重の抜けやすさが違うのです。

長いクランクを使っても、Qファクターが狭いままだと後ろ足の荷重は残りやすい。長いクランクを使うのなら、横方向に広げればクランクの長さの数ミリの違いなんて関係なくなるということにも繋がりますね。

Ｑファクターの広げすぎは不自然だと思いますが、自分の足が違和感なく上がってくるような姿勢ができれば、自然にＱファクターについては解決できるでしょう。

背中を丸めれば丸めるほど内股がひどくなります。そのような姿勢でＱファクターを設定しても、背中の丸め具合でＱファクターが変化してしまうため、正しいフィッティングができないと僕は考えます。

やまめの学校では、姿勢と骨盤の幅がＱファクターを決める基準になっています。

やはりＱファクターも、フラットペダルでいろいろ試してみることをおすすめします。

❻考えるな、感じろ！

ポジションを難しく考えることなんてありません。常識にとらわれたり、情報に振り回されて紙の上でのお話しかできないようでは、その先に進むことはできません。

違和感のない姿勢というのは、見た目で「バランス」が取れているから違和感がないのです。理想的体形も、上半身と下半身のバランスが取れているから違和感がなくて理想的なのです。「この人の姿勢だったら、足裏のこの辺りに荷重が掛かっているだろう」。まず見た目から大まかなペダルのクリート位置を出していきます。

生徒さんのペダリングとポジションを確認する方法として、パワータップという製品を利用することもあります。なぜならば、ペダリングが悪いと、低い出力（ワット）しか出ず、はっきりと数値を目で見ることができるからです。

しかし、もっとシンプルに、考えるよりも身体の様々な部分で感じ取ること。身体に無理の掛かる不自然なことをせず、身体の作りに逆らわず、あくまでも自然に。

これが、やまめの学校が考えるポジションやフィッティングの基本であり、僕の考える「柔」の動作の基本です。今のポジションが最高だから動かしたくないというのは絶対にありえませんし、自分の進歩を止めることとなのだということです。

常に自分自身が進化していくことと進化のために工夫すること。そして、自分自身の感覚で感じ取ることを絶対に忘れないでください。

自分の感覚をもっと信じて!!

第五章

やまめの基本テクニック

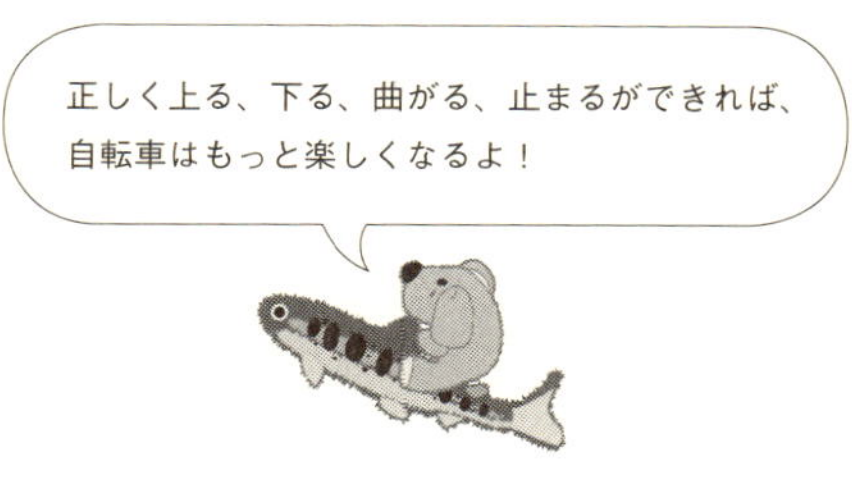
正しく上る、下る、曲がる、止まるができれば、
自転車はもっと楽しくなるよ！

1 おじぎ乗りをマスターしよう

やまめの学校で教えているのは「前乗り」「後ろ乗り」ではなく、「おじぎ乗り」です。これまでの章で書いてきたように、常に自転車の重心と自分の軸を合わせる乗り方だということは理解していただけたかと思います。

どこにどう乗ってどうおじぎをすれば、自分の軸を自転車の重心と一致させることができるのか？　そして平地だけではなく、上りや下りのときはどうすればよいのか？　立ちこぎや、マウンテンバイクのように立って下る場合はどうなのか？　自分の姿は見えないけれど、果たして本当にちゃんとしたおじぎ乗りになっているのだろうか？　考えれば考えるほど身体がいうことをきかない…。それはそうでしょう！　人間はたくさんのことを同時にはできませんからね。身についていないことならなおさらです。

でも、できないということは、できるようになるための伸び代がたくさんあるということ。決して悲観することではなく、むしろ上達する過程を楽しむことができて、「うらやましい」ことなんですけど…。

自転車に乗り始めの人でも、今まで何でも自己流でやってきてしまった人や、力を抜けないままスポーツをやってきた人は、何かしらその人特有のクセがついてしまっています。クセの中には身体の硬さというクセもあれば、動作のクセもあります。自分ではおじぎができているつもりでも、他の人から見ると違和感がある姿勢であったり、余計な力が入っていたりして、おじぎのようでおじぎではない、似て非なるものになっていることは結構あります。

上達するスピードの個人差があるように、誰もがおじぎで自転車に正しく乗ることを簡単にマスターできるわけではありません。身体の柔軟性を上げていくことや、足の裏の感覚を研ぎ澄ましていったりする努力なくして上達することはありえません。今までたくさんの人を教えてきましたが、身体の柔らかい人よりは、圧倒的に身体の硬い人のほうが多いのですから。

それでも、おそらくこの本を手にした人は、これから努力していく「向上心のある人」だと思うので、何も心配はしていません。とても難しくて、でも面白いことなので、がんばりましょうね!!

正しい「おじぎ乗り」ができているか確認しよう

さてさて話は変わって、まずは基本である「おじぎ乗り」ができていますか。ここで「おじぎ」姿勢のおさらいです（一章P34「正しいおじぎ姿勢」イラスト参照）。手を後ろで組んで骨盤から前傾します。背中から首はまっすぐです。膝を軽く抜いて、拇指球辺りに荷重を感じてください。背中で組んだ手をほどいても、背中を丸めないでくださいね。肩甲骨は閉じます。良い姿勢のクセはつきましたか、この姿勢で、自転車に乗れていますか。

おじぎ乗りができているようでできていないときの原因です。

❶前のめりになっている

お尻が前にあるのに頭が下がっているときですね…。頭が低い位置ならお尻は後ろです。手に荷重がたくさん掛かっていたら、足に乗るべき荷重が全部手に掛かることになってしまいます。姿勢を直して、それでも手に荷重がたくさん掛かっているようなら、ハンドルが近すぎて、頭の重さがモロに手に乗ってしまっている可能性がありますので、ハンドル位置を遠くに変えてみると良いでしょう。

❷背中が反っている

僕が自転車に乗っているときの写真の真似をすると、身体の硬い人は特に、背中を反ってしまうようです。僕の場合は股関節と肩甲骨周りが非常に柔らかく、人よりも骨盤が前傾するので、背中が反っているように見えるだけなのであって、皆さんは絶対に反ってはいけません。これ、よく誤解されます…。

背中を反ってしまうと背骨の周りが痛くなって腰痛になりやすいのと、顎《あご》が上がるので呼吸も苦しく、頭の重さが真ん中より後ろに掛かります。骨盤も後ろに倒れてしまい、後ろ足荷重になってしまいます…。

❸腕（肘《ひじ》）を絞っている・不自然に開いている

腕を絞っていて呼吸は楽ですか？　頭の重さをモロにハンドルに乗せていませんか？　自然で呼吸もしやすいのは、あくまでも軽く肘が開いている状態です。手のひらに荷重が乗りすぎないようにしなくては足に荷重が掛かりません！

腕を絞ったり、肘を開いたりする動作も「自然」でなくてはいけません。背中が丸まった猫背の人の自然な肘の開きと、姿勢の良い人の自然な肘の開きはまったく違います。実際に、良い姿勢と猫背の姿勢で腕を前に伸ばしてみれば、その違いにハッキリと気がつきます。やまめの学校で教えているのは、あくまでも背中まっすぐの良い姿勢をしたときの「自然」な腕（肘）の開き具合です。

❹前が見にくい

前が見えない時点ですでにおじぎではありません。身体を折り曲げるのはお腹ではなく股関節です。関節のないところで身体を折り曲げていませんか？

「背中まっすぐのおじぎの姿勢」から出直してください。ボールが飛んできても素早く動ける姿勢であるということは、ちゃんと前が見える姿勢のはずですから。

おじぎのつもりでおじぎになってない！？　そんな場合はチェックチェック！

❺ ふらつく

おじぎができていればバランスは取らなくても取れているはずです。ふらつくときは、自分が足のどこに荷重しているか、気をつけてみてください。土踏まずに荷重が乗っているときは、自転車の真ん中ではありません。素早く動ける足裏の荷重位置にして、おじぎ姿勢の練習から出直してください…。

なんだか双六《すごろく》みたいですね、やまめの学校って…。できなければ振り出しに戻されますから…。

カーブを上手に曲がるにしても、坂を「上る・下る」にしても、やはり常にバランスが取れていて素早い動作ができる「おじぎ」が基本です。何かがうまくいかないときは自転車から降りて、必ず基本のおじぎの姿勢を見直してください。

自分の姿勢が正しいかどうかを確認するのは、大きな鏡でもない限り難しいことかもしれませんが、人の姿勢を見ると違和感がよく見えます。

同じ姿勢を基本とする人同士が、お互いの姿勢をチェックできるようになって、どこをどうすればよいかを教え合えるようになったら、本当に素敵なことですね。

2 正しい上りの走り方

上りを楽に速く走れるようになりたい!! 自転車乗りなら誰もが思うことではないでしょうか。平地やローラー台の上で足がいくら軽く回っても、日本は山ばかりの国ですから、上り坂を上る方法と、下り坂を下る方法を絶対に知っていなくてはいけません。

ただ「上る・下る」と言ってしまえば、力任せであろうが危険な乗り方であろうが、言葉は同じです。それではいけないので、「安全に、楽に、正しく」上る・下る方法を書くことにしましょう。

まず、上り方を説明する前にキーワードをいくつか。

●自転車の中心に乗る ●斜度に合わせたおじぎの深さ ●ハンドルが近づいてくる ●腕は軽く伸ばした状態から曲がる ●歩く・走ると一緒 ●常に拇指球《ぼしきゅう》

これだけ見ても理解不能かと思いますが、これから書くことと合わせて読み進めていけば理解できると思いますので、授業を始めますね。

体感してみよう

歩くときと同じ姿勢で上ってみよう

まずは上りです。やまめの学校で上りを教えるときには、必ず次のことをします。

・普通に歩いて、様々な斜度の坂を上ってみる。
・走って坂を上ってみる。
・背中を丸めて上ってみる。
・身体を折り曲げて、深いおじぎで自転車に乗っている姿勢で歩いて上ってみる。

おじぎの乗り方は、「歩く・走る」動作と基本は同じです。ですから、坂（というより学校

やまめの学校名物、みんなで土手上り！　足首や股関節が硬いと上れません…。

で上るのは土手ですが…）を歩いて上ったり、走って上ったりすることは、自転車で坂を上るのと基本的にまったく同じ動きになります。

肝となるのは、「地球の中心に対して鉛直ではなく、**気持ち前に荷重移動すること**」です。

地球の中心に対して鉛直（つまりまっすぐ）だと、両足に均等に荷重が掛かっているので、クランクが自然に前側に回ることはなく、絶対に前に進むことはありません。「歩く・走る」と同じように前に前に荷重移動を行えなくては、スムーズに上ることはできないでしょう。

ですから最初にやることは、坂道を自転車に乗らずに「正しい歩き方・走り方」で上ることとなのです。正しい姿勢で歩ける人でしたら、自転車でも何の抵抗もなくスムー

歩いて上っても自転車で上っても、背中の角度は変わらないことを確認しよう！

ズに速く上ることができます。ですが、正しい姿勢ができていない人は、背中が丸まり腰が入らず、後ろ足に荷重が残ってしまって、スムーズに速く上ることができません。上りでクランクが回らない原因は、間違いなく「テコが利いた後ろ足への荷重」です。上りでも平地でも、背中が丸くなってしまう人は、いくらペダルを踏み込んでも無駄です。

背中を丸めてしまったら、踏むことよりも筋力で足を引き上げるほうが、自転車を前に進めるためには必要になるでしょう。「自分の姿勢が作り出した負荷」を、重力に逆らって筋力で引き上げなくてはいけません。そしてビンディングペダルなしでは引き上げることはできません。

後ろ足に荷重が掛かっているか、前側の足に荷重が掛かっているかは、上るときの姿勢次第です。やまめの学校では、それを歩いたり走ったりして感じ取ってもらうことから始めるのです。

次に深いおじぎで急な坂を歩いて上ります。すると、次のようなことに気づきます。

・深いおじぎで急な坂を上ろうとすると、股関節周りが窮屈になりすぎて歩けない…。
・浅いおじぎなら股関節周りも窮屈ではなく上りやすい。

・急な坂は、浅いおじぎで上る。
・それほど急ではない坂なら、ある程度深いおじぎでも上れる。

こうした動作で、斜度によっておじぎの深さを変えないと、スムーズに上れないということを体感していただきます。

斜度によっておじぎの深さを変える

次に平らな場所から急な土手を自転車で上ることにしましょう。

まず浅いおじぎでサドルの前に座り身体を起こし、前足だけに荷重を乗せクランクが自然に回る状態にします。クランクの位置は11時辺りにします。

浅いおじぎでは腕は伸びている状態です

坂道は「浅いおじぎ」で入り、前輪が持ち上がるにつれて腕が近づく感覚で上る。
後ろの足に荷重が残ると華麗に転げ落ちます…。

から、坂道に差し掛かって前輪が持ち上がってくるのと同時に腕を曲げることができれば、常に「地球の中心に対して少し前」に荷重できている状態で坂を上っていることになります。

もちろん前輪が持ち上がって転ぶこともありませんし、前側の足に荷重が乗っている状態のままですから、ペダリングが止まることもありません。

地球の中心に対して気持ち前に荷重しているときには、ランニングや歩くときと同じく足が後ろ側に出る骨盤の角度になっているので、もし土手の途中で失敗して止まってしまったとしても、落ち着いて後ろ側の足を横に出すことができ、自転車がバックしてしまうことはありません。

あせって背中を丸めて足をペダルから外すと、足を前に蹴ってしまうだけではなく、後ろに荷重が掛かり前輪は浮き、華麗に土手を転げ落ちることになります!!

こんなふうに、急な土手を何度も何度も上る練習をします。

最初は勢いをつけないと上れませんが、繰り返し練習をしていると、止まりそうなくらいのスピードで上れるようになったり、坂の途中でブレーキを掛けなくても止まれるようになったり、さらに、止まったところからもう一度発進ができるようにもなります。

ある程度斜度がある土手でできるようになれば、普通に道路を走っているときに出合うその辺の坂を上るのはもう難しいことではなくなっているはずです。

マウンテンバイクのほうが低速での練習はしやすいのですが、ロードでもクロスバイクでも同じ練習はできますので、「反復練習」をやってみてください。この土手上りの練習が坂を上るときに生きてきます。

上りでも「自転車の中心に乗る」ことで、常に後ろの足の荷重を抜くことができます。もちろんバランスも取れている「おじぎ」の状態ですから、「おじぎ」が崩されない限り斜度が変わったときに前輪が持ち上がってきても、腕がしなやかに動いて、転げ落ちることもふらつくこともありません。

斜度が急になれば、サドルの前にお尻を移動し身体を起こす「浅いおじぎ」で上がります。斜度が緩ければ、それほど身体を起こす必要もありませんから、ある程度「深いおじぎ」で上ることができるでしょう。

いかなるときでも基本は「歩く・走る」と一緒で、常に少し前に荷重した姿勢であれということです。

最初に挙げたキーワードのなぞ、解けましたでしょうか？

上りで勢いをつける方法を身につけよう

では、実際にこれから峠を上っていきましょう。

峠の入り口では、斜度がきつくなる前に、ほとんどの人が2、3枚の「貯金」を残してあらかじめギアを軽くすると思います。

実際にはありえませんが、同じ斜度がずっと続く峠を上っているとします。がんばって一定の回転をキープして上ってきました…でも疲れちゃった…。回転が落ちてきましたけど、あなたならどうします？　ガチャ…1枚ギアを軽くしました。あ～よかった、元の回転に戻った～。…でもスピードは遅くなっているんじゃないですか？　以下その繰り返しをした場合、最終的にはギアがなくなってスピードもガタ落ちになる…。

勢いがついていないと自転車って辛いんです…土手をゆっくり上るのと同じで難しくなってしまうし…。

ヒルクライムのレースでタイムを出そうと思ったら、「平均速度を上げること」です。あなたは急な坂でがんばりますか？　緩斜面でがんばりますか？　急な斜面でがんばって、多少速度を上げるより、緩斜面でがんばったほうが平均速度を高くできますよね…。

最初に18％の激坂があるようなコースだと、一番きついところでたくさん応援されて必要以上にがんばっちゃって、緩斜面の前に終了…てなことにもなりかねません。スピードが落ちそうになったら変速をしないで、立ちこぎや走るときのような前への荷重移動、11時1時辺りのタイミングでもう一度勢いをつけること。そしてそのスピードが落ちないように1時7時の脱力した「夢の永久機関」ペダリングで回転をキープし、巡航すること。

これが上り方の真髄です。

立ちこぎがうまくできなければ勢いをつけることもままならないのですが、それは五章の４「正しい立ちこぎ」（Ｐ170〜）で説明しましょう。「重いギア比も、勢いがついていれば軽いギアになる」。これも覚えておいてくださいね。

上りの重要な5つのポイント

上りの走り方のキーとなるのは、

❶身体を倒すのではなく、前輪と一緒に手が身体に近づいてくる

前輪が斜面に差し掛かったときに、前足荷重の姿勢を変えないようにするためには、

腕が柔らかく動くことが必要です。カチカチの腕だと「後傾」になり、華麗に後ろに転がり落ちます…。ふらつくのも同じ原因です。

❷常に脱力した1時7時のペダリング

これは坂でも一緒です。

❸ペダルを強く踏み込まないこと

下まで踏んだら回転は止まります。踏んでしまうと、人間は片足だけに力を入れることは不可能…後ろ足にも力が入ってしまいます。力の抜き加減を覚えてください。

❹浅いおじぎ

急な斜面に差し掛かってハンドルが近づいてきたら、深いおじぎのままだと顔にハンドルがぶつかってしまいます。転げ落ちたくなければ、前座り・身体起こしの浅いおじぎにします。

❺勢いをつけること

上りでは最初にスピードに乗せて勢いをつけることが肝心です。勢いがないと足がしんどいばかりでスピードも上がりません。

同じ回転で巡航し、加速は、前輪が刺さらない11時1時のクランクの位置で荷重移動や立ちこぎのタイミングを合わせることで行います。

反復練習しないと決して身につくことはありませんから、できるようになると信じて、難しいけれどがんばってください!!

3 正しい下りの走り方

今度は下り方です。下り坂が怖いと言う人は多いです。軽装備で生身に近い人間が重心の高い乗り物に乗っているわけですから、怖いのは当たり前と言えば当たり前ですね。

下りの練習も先ほどと同じ土手でやります。下りの反対は上りですから、簡単に言えば、上り方の反対のことをしていきます。

体感してみよう

・30度くらいある土手の上でまっすぐ立って下を見ます。斜度が急に見えてちょっと怖くないですか？
・深いおじぎで同じ場所に立って下を見ます。斜度が緩く見えませんか？

深いおじぎでは目線が下がるので、立って見るより斜度は緩く見えます。それがその土手のリアルな斜度です。もし転んでも深いおじぎなら低い場所から転べるのでとても安全!!　下りはスピードが出ちゃうので、スピードを出せる「深いおじぎ」の姿勢でなくてはいけませんね!!

「深いおじぎ」で下ると斜面が緩やかに見えるし、万が一転んでもダメージは少ない。

決して腰だけを引かない！「深いおじぎ」で安全に下ろう！

急な上りは浅いおじぎで身体を起こして上りましたが、急な下りは深いおじぎで下ります。深いおじぎをするとお尻は後ろに行き、頭は下がり、腕は浅いおじぎのときよりも深く曲がります。深く曲がった腕を、前輪が下がって行く角度に合わせて伸ばしていけば、常に「地球の中心に対して少し前」に荷重した姿勢で下っていくことができます。クランクの位置は前輪が地面に刺さらない1時7時にしておきます。

下りでは腰を目いっぱい引きなさいと言われて、腰を引いて下っている人は多いと思います…何故ならば、そう教えられるから…。でも、違うんです…。

下りは「深いおじぎ」で入って、前輪が下がるにつれて腕が伸びる感覚で下る。荒れた路面を走るMTBは立って、ロードは座って下りますが、基本は同じ。

腰だけを引いてしまうと腕が伸び切ってしまいます。腕が伸び切った状態で下りに入ると、前輪の下る動きと一緒に身体も前に持っていかれてしまいます…。腰だけ引くと、股関節も膝も固まってしまいますから、衝撃を吸収することすらできず、何かの拍子にゴロンと前転です…。

僕も下りでは後ろにお尻を持っていきますが、その代わりに頭の位置を下げて腕を曲げ、おじぎでバランスの取れた状態にします。そして、少し前に荷重を掛け、膝・股関節・腕が自由に動く状態を作り出し、斜度に合わせて頭の位置が変わらないように腕を伸ばしていきます。

腰を引くなら、頭を下げなくてはいけません!! そうでなければ、ただのへっぴり腰で腰が引けた人です…。衝撃も吸収することのできない姿勢ですし、素早く動くこともできません。

もしあなたが深いおじぎができなければ、下り坂で絶対にスピードを出してはいけません!! もし転倒して頭を打った場合、低い姿勢と高い姿勢のどちらがダメージが少なくて済むでしょうか? 頭を打たなかったとしても、重心の高い姿勢でふっ飛ばされるのと、低い姿勢で滑っていくのでは、転倒したときのダメージがまったく違います。

速度が出せる「深いおじぎ」は、転倒してもダメージの少ない姿勢です。プロのロード選手がゴールスプリントで激しく転倒しても、次の日に走れるくらいのダメージで済んでいる理由も、おそらく低い姿勢にあるのでしょう。

下りでは必ず下ハンドルを持とう！

下り坂でもブレーキのブラケットを持っている人は多いかと思いますが、下ハンドルよりも遠い位置にあるブレーキのブラケットを持って下ること自体、僕はとても危険なことだと思っています。下ハンドルのほうがしっかりブレーキを持てるので、ブレーキングは安定します。衝撃が来ても手がすっぽ抜けることもありませんし、コントロールもしやすいのです。

手の小さな人がブレーキのブラケットを握って下るのは、本当に大変です。特に女性に多いのですが、指が短くブレーキレバーの根元を握っているため、テコの効かない引きの重い部分でのブレーキングになりがちです。そのような状態で長い時間ブレーキを掛けていると、親指のつけ根が悲鳴を上げ、ブレーキを掛けることすらできなくなってしまいます。

ブレーキレバーを近くするシム（スペーサー）を入れても、下ハンドルを持って走っていない限り、意味がないと思います。

ちなみに僕のロードバイクのブレーキレバーの引き代は、かなり握り込む感じにセッティングしています。指先だけでは繊細なコントロールができませんし、カチカチの引き代だとブレーキレバーを引いたときに、ハンドルを支える手が離れてしまうからです。ですから僕は、ブレーキレバーを握っていますがブレーキは効いていない状態で下っています。ブレーキをかけるときは握り込むだけなのでとても安全です。お試しあれ。

下り坂は必ず下ハンドルを握って深いおじぎで乗ること。やまめの学校では、下ハンドルが握れないような窮屈な自転車や、呼吸が苦しくなるような姿勢は教えていません。上ハンを持っても下ハンを持っても姿勢が変わらなければ、常にバランスが取れた状態で乗ることができるはずです。

厳しいことを書くようですが、安全に正しく自転車に乗れるようになるまでは、絶対にスピードは出さないでください。本当に死んでしまいますから、これだけは譲れません。

大事なことは下りでも常に深いおじぎで自転車の「真ん中」に乗ることです。「おじぎ」という簡単な姿勢が、こんなにも奥の深いものなのかと気づかせてくれた自転車って、本当に素晴らしい乗り物ですね。

「下る」という言葉も、「ちゃんと」をつけると意味が違ってきます。「ちゃんと下っていない」状態は、「落ちている」ではないでしょうか？　「下る」というのは、バイクをコントロールできて初めて使える言葉かと思います。

しかし、操作する人間が正しくおじぎができていない状態で坂を下るのは、ただの「凶器」だと思います。止まれればよいというものでもないですし、曲がればよいというものでもありません。

自転車を素敵な乗り物にするのも凶器にするのも、操作する人間次第です。ですから、「ちゃんと」下ってくださいね!!

4　正しい立ちこぎ

皆さん、立ちこぎは得意ですか？　苦手ですか？

やまめの学校に来られる生徒さんのほとんどは、立ちこぎが非常に苦手なようです。でも、立ちこぎができないと勢いをつけることもできませんから、これは絶対に何とかしなくてはいけませんね。

僕は立ちこぎだけで100キロ走ったことがあります。練習で遠くまで行ったときのことです。サドルの調整をしようとシートポストのネジを緩めていたら、ポロンと落ちたネジが路肩のグレーチングの網の中へ…。サドルを背中のポケットに入れて、立ちこぎだけで帰ってきましたよ…。たまにフレームに座ったりもしましたが…。

おかげさまで、この事件の後すっかり立ちこぎが得意になったわけですが、「休む立ちこぎ」というものを覚えるためには、ネジをなくすのが一番！ それは冗談ですが…。

自転車を「揺すって」正しい立ちこぎポジションを覚えよう

立ちこぎで足が辛くなる理由は、「後傾」の「空気椅子」が原因です。それともう一つ、自転車を「振らない」ことにも原因があります。

自転車の真ん中に乗れれば、前側の足に荷重が掛かって勝手にクランクが回るというのは何度も説明したとおりです。その状態をとても分かりやすく理解できて、誰でも正しい立ちこぎの姿勢が取れるようになる方法を、やまめの学校で開発いたしました!!

それは、**「自転車を揺する」**ことです。

図のように二人組で、クランクの位置を2時8時くらいにして、自転車に乗っていつもの立ちこぎの姿勢をして、それを後ろから支えます。そしておもむろに揺するのです。

ちゃんとバランスの取れたおじぎの姿勢で真ん中に乗れている人は、揺すられてもまったく姿勢が変わりません。揺すられている自転車だけが左右に動き、腕も足もとてもリラックスした状態でいられます。

逆に、ちゃんとおじぎができていなかったり、背中が丸くなっている場合には、面白いように乗っている人の身体が暴れます。当然バランスも取れていないので、支えて揺らす側もかなり力を使います。

バランスの取れている姿勢の人のバイクを支えるのは、ほとんど力が要りません。なぜ

立ちこぎの姿勢で自転車を揺すってもらう。ピタッと安定する場所を見つけよう。

なら、支える手を離しても、乗っている人はペダルに足を乗せたまま止まっていられる状態になっているからです。

この立ちこぎで「揺する」実験をしたときに、多くの人は自分の自転車のハンドル位置に違和感を覚えるようです。違和感のない場所にハンドルがあれば、腕の余計な力も抜けて、立ちこぎをしたときにとても快適なポジションであると同時に、自然に自転車を左右に振ることができるようになります。そうなっていなければ、当然あちこちに余計な力が必要になるわけです。

立ちこぎで手を止めてはいけない理由

立ちこぎでは、下がっている足の反対側の手に荷重することで左右のバランスが取れます。やまめの学校式立ちこぎでは、自転車を左右に振ります。立ちこぎは手と足の2点支持ですから、自転車を振らない立ちこぎでは手に荷重がたくさん乗り、足への荷重が少なくなるので、クランクは回りません。しかも危ない片足荷重です。

自転車を振れるようになったら、今度は左右に振っていたハンドルを回すようなイメージで動かします。前輪はグネグネと8の字を描くような動きになりますが、クランクの回転数が上がり、身体も自転車もまっすぐに進んで行きます。

なぜハンドルを回すのでしょう？　ハンドルを押す・引く、を繰り返していると、押し切った場所、引き切った場所で手が止まります。手を押し切ってしまうと足は踏み切ってしまう…するとクランクの回転が止まります。手が止まれば足の回転も止まるのです。

腕を振ると荷重移動がしやすくなることを思い出してください。手と足の動きは連動しているので、腕振りが必要なのは自転車でもランニングでも一緒です。余計な力が入っていると腕を振れなくなるのもランニングと同じですが、道具を使っている分だけ自転車のほうが格段に難しくなります。

立ちこぎでもう一つ重要なのは、決して足を伸ばし切らないことです。足を伸ばし切るとクランクの回転が止まってしまいます。膝の曲がりはサドルに座っている時と同じ角度にすると、クランクの回転は止まりません。

立ちこぎはマウンテンバイクで練習を

二章の３「三点支持は面白い ―腕の荷重―」（P66〜）で、腕の荷重のことをお話ししました。マウンテンバイクとロードのハンドルを持った際の肘の向きの違いで、上半身を支える筋肉が違うことを読み返してください。立ちこぎの練習は、マウンテンバイクのハンドルで始めるほうが簡単です。腹筋・背筋も、腕の力もそれほど必要ありませんから、どんな人にもおすすめできます。

重いギアでの立ちこぎでは、陸上の100メートルの選手のように、回転数が高くなるにつれて深いおじぎから浅いおじぎに変えていきます。そうすると、重いギアが速く回っているので、身体を立てた楽なおじぎでも巡航することが可能になります。

さらに、マウンテンバイクで立ちこぎが上手になったならば、マウンテンバイクで立って下ることも自然に上手になっているはずです。上りの立ちこぎも、下りで立って下ることもまったく同じ姿勢で同じ動作だからです。

上手になるとは、自転車の真ん中に立ち、腕と膝や股関節を柔らかく動かせるようになるということ。立ったまま下って、自由自在に自転車を振り回せるって素敵じゃないですか？

マウンテンバイクに乗ったほうがよいですよ！　絶対に。

5 正しいカーブの曲がり方

皆さん、右カーブは得意ですか？

なぜ右カーブ限定なの？　と疑問に思う人もいらっしゃると思いますが、どうですか、得意ですか？　苦手でしょ？

これにはちゃんとした理由があるんです。

ロードバイクに乗っている人は車道を走るので、車道側（つまり右側）の足をつく習慣がありません。右に足をつく習慣がないわけですから、右のペダルを外すことに慣れておらず、右カーブで自転車を倒して曲がること自体が怖いという人がほとんどなんです。

僕はマウンテンバイクのプロ選手でした。マウンテンバイクは山の中を走りますから、右側が山で左側が崖のときだってあります。そんなところでも右足ではなくて左足を出して止まりますか？　そんなことしたら、崖に転がり落ちてしまいますよ！

だから僕は、右足と左足のどちらでも地面について止まることができます。

これは当たり前のことなんです。マウンテンバイクでは…。

でもおかしいですね。なぜ左足をつくのですか？　日本の道路は水勾配というのが必ずついていて、道路の真ん中に向かって盛り上がっているはずなので、足をつきやすいのは間違いなく右側なんですよ…。縁石がある場合は別ですが。

いずれにしても、止まるときにどちらの足も出すことができるようになること、それがカーブの左右差をなくすことに繋がるのだということを覚えてください。

カーブでは絶対に外足を伸ばさない！

カーブで外足荷重をしろ！　と言われて、そうしている人もいるかと思いますが、外足にも内足にも荷重をしないのがやまめの学校流コーナリングです。

ロードの人がよくやっている、あの外足をピンと伸ばした姿勢は、オフロードでは絶対にやってはいけません。滑る路面で外足荷重をすると、カーブの最中に滑って、その滑りが止まったときに、突っ張っている外足を軸にして体が外に投げ出される「ハイサイド」と言われる飛ばされ方をしてしまいます。

反対側の手に荷重せず片足だけに荷重を掛けるということが、どれほど危険なのかは二章の１「自転車に乗っているときにやってはいけないこと」（Ｐ50〜）に書いたとおりです。

僕が教えているカーブの姿勢は、常に両足の力を抜き、サドルにしっかり座って、いつでもペダリングができるように1時7時にして、両方の膝を曲げた状態にしておくことです。

ペダリングを止めている状態は、自動車やオートバイではギアがニュートラルな状態です。マニュアルの自動車に乗って、カーブを曲がるときにニュートラルに入れるでしょうか？　そんなことをしたら全然曲がれませんよね？

しかし自転車は、ギアをニュートラルに入れた状態でカーブを曲がっていかなくてはならない乗り物です…。

両足に力が入っていると、サドルに座っていないのと同じ状態です。この姿勢は立ちこぎの姿勢ではなく、後ろ足に荷重の掛かる「後傾」ですから、身体は固まってしまいます。ですから、外足をピンと伸ばした状態ではなく、コーナリング中でも衝撃を吸収できたり、いつでもペダリングを始められる1時7時の位置に足を置いてコーナリングすることを教えています。素早い左右の切り返しが必要なカーブで、足の上下を変えられないようなときでも、ペダルを地面に擦ることなく曲がれるのが「内足1時・外足7時」の位置です。タイヤが滑ったときでも、とっさにアクセルを開けることができるのも1時7時です。

「それはマウンテンバイクの乗り方だ」と言われるかもしれませんが、僕は人に教える仕事をしているのですから、滑る路面であろうが滑らない路面であろうが、オフロードだろうがオンロードだろうが、滑ったときに対処できる乗り方を教えなくてはならないのだ、ということをご理解ください。

ロードバイクのタイヤを見ると分かると思いますが、一番てっぺんが接地面積が少なくて、その横は接地面積が広い。マウンテンバイクだと、サイドノブと呼ばれるスキーで言うエッジの部分まで倒さなければグリップしません。マウンテンバイクもロードバイクも、カーブでは自転車を倒して曲がるのが基本だということも、タイヤを見れば一目瞭然です。スピードがあまり出ていないときに外足に荷重してしまったら、自転車は寝ないのではないでしょうか？

ここでもやっぱりおじぎなんですね。怖くて腰が引けると、もっと怖い思いをするのはスキーと一緒ですね。

カーブの練習には、8の字でちゃんと自転車を倒して曲がることが必須です。8の字の

カーブで外足荷重は厳禁！　足は１時７時でいつでもペダリング開始できる位置に。

練習方法は、六章の2「やまめの宿題」（P191〜）で詳しく説明していますが、小さく曲がるために、自転車を立ててハンドルを切って曲がっていては、まったく練習にはなりません。カーブの途中でブレーキを掛けてもバランスが崩れなくなるまで、とにかく8の字を描きまくってください。あと、右足をついて止まる練習も…。

6 正しいブレーキング ―ちゃんと止まるということ―

ブレーキングの際に、前後のブレーキをどれくらいの比率で掛けますか？　僕は**常に5対5で掛けなさい**と教えています。

何度も書いていますが、僕が教えている自転車の乗り方は自転車の真ん中に乗る乗り方です。ですからブレーキを掛ける際も、どちらかのブレーキだけを強く掛けることはしません…と言うよりも、その都度ブレーキを掛ける比率を変えるなどという器用なことはできません。

でも自転車の雑誌には、前ブレーキを強く掛けろと書いてあります。その理由は、ブレーキを掛けると荷重が前に行くので、荷重の抜けた後ろブレーキを強く握ると、後輪がロックして滑ってしまうからだと書いてあります。さらに、ブレーキを強く掛ける際には、後ろに腰を引いて荷重を後ろに移動すること、と書いてあります。

僕はこのブレーキの掛け方に異を唱えています。

後ろに腰を引くことで、腕も膝も伸び切って突っ張らせ、衝撃も吸収することができない「後傾」の姿勢でブレーキを掛ける、ということの意味が分かりません。荷重の変化によってブレーキを握る比率を変えるということは、急な下りでブレーキを掛けるときは、ほとんど前ブレーキだけで止まれということなのでしょうか？　マウンテンバイクで下るような急な坂でもできるのでしょうか？

ブレーキを掛けるときもおじぎ乗り！

では、やまめの学校ではどのようなブレーキの掛け方を教えているのか？

いつものおじぎでサドルに座ったまま、足も腕も突っ張らずに、前後のブレーキを同じ力で軽く掛けなさいと教えています。

左右の足の位置は、カーブのときと同じように1時7時です。

前に荷重が掛かっている場合、前後同じ力でブレーキレバーを握れば、自然に荷重の掛かっている前のブレーキに力が加わります。ですから、どちらかのブレーキレバーだけを強く掛ける必要はありません。荷重が掛かっているほうのブレーキがよく効くのは、自動車でもオートバイでも一緒なのです。

サドルにしっかりと座って荷重を掛けていなければ、後ろタイヤに荷重を乗せることはできません。

ですから、足に力を入れて突っ張ったり、サドルにしっかり座れていない状態だと、後ろタイヤに荷重が乗らず、後ろブレーキがロックしてしまうことになります。

もし自分の前を走っている人が、急に腰を引きながらブレーキを掛けたら…怖くないですか？

パニックブレーキという言葉が雑誌で使われていますが、僕はこのブレーキの掛け方を「パニックになった人がしてしまう掛け方」だと思っています。その姿勢がブレーキを掛

ブレーキングはいつでも前後5対5。姿勢はおじぎ、絶対に腰を引かないこと！

けるときの姿勢だと「勘違い」してしまっては絶対にいけません。

急制動でも、普通に止まるときでも姿勢は一緒です。周りに人がいない場所で、ボトルの手前でピタッと止まれるように、何度も何度も練習してください。座った姿勢で止まれるようになったら、もっと難しい立った姿勢でもブレーキを掛ける練習をしてください。立った姿勢でも、「後傾」にならなければ止まれるはずです。

もちろん、ブレーキのブラケットでも、下ハンドルでも、できるようにならなくてはいけません。

止まれない自転車は凶器です。急に止まる自転車も後ろを走る人にとっては凶器になります。誰かと一緒に走っている場合は、止ま

ボトルの手前でピタッと止まれるように練習しよう。

る意思表示をどんな方法でも良いですからできるようになってください。手信号でなくても、声を出すことくらいはできると思いますので。

　手信号は一緒に走っている人とのコミュニケーションですが、僕は一緒に道路を走っている車や、歩いている人とのコミュニケーションも、目を合わせながらのジェスチャーや声を出して行っています。小さな気づかいでもっと安全に走れますよ。

止まるとき、進路を変えるときは周囲に必ず意思表示を。

第六章

やまめの宿題

やまめ名物「8の字」の練習から心構えまで。
サボらずにやれば1年後は別人の走りに！

1　エクサイズ or トレーニング？

ここまでいろいろ書いてきて今さらかとは思いますが、あなたが自転車に求めているのはエクササイズですか？　それともトレーニングですか？

この二つの言葉は、辞書で調べると同じような意味ではありますが、トレーニングは黙々と身体を鍛えるといったちょっと辛そうなイメージで使われ、エクササイズは、美容・健康維持といった明るく元気なイメージで使われているような気がします（どちらも僕が感じた印象ですが…）。

この本の読者の皆さんが求めているものがトレーニングなのかエクササイズなのかは一人ひとり違うと思いますが、ヒルクライムで良いタイムを出したいという人であればトレーニングでしょうし、たるんだお腹や身体をスリムにしたいという人であればエクササイズでしょう。

レースに出る前にやっておくべきこと

あるスポーツを究めていくための階段を上るとしたならば、最初の一段目はエクササイズで身体を作る足場を固めること。次の段がトレーニングで本格的に身体を鍛え上げること。さらに「上達」という階段を上りたいと思えば、際限なく上に上り続けることができるでしょう。ただ、実際に学校に来る生徒さんたちを見ていると、エクササイズの階段を上る前に、「リハビリ」が必要なほど身体の硬い人が多いのですが…。

トレーニングに耐えうる土台を作るためにエクササイズをしようと思うなら、長くそれを続けられる環境作りも大切です。たとえば自転車にばかり乗ってしまって長時間歩く体力がない…と感じたら、三章の２「『歩く』ことで身体を作ろう」（Ｐ90〜）で書いたようにウォーキングやノルディックウォーキングから始めて欲しいと思います。でも、一人で黙々とやろうとしてもよほど精神力がない限り続かないと思いますから、一緒にできる家族や仲間がいれば最高ですし、周りに一緒に運動する人がいなければ、スポーツクラブに通うことも環境を作ることになります。

ヒルクライムもロードレースも、マウンテンバイクのクロスカントリーもシクロクロスも全部レースです。ホビーレースであれ、実業団のレースであれ、レースはレース。スタートラインに立つからには、レースに備えて練習を積み重ねてきたという「資格」がなければいけないと僕は思います。

自転車に乗って身体がスリムになったからヒルクライムに挑戦するんだ！　という人もいるでしょうし、たるんだお腹のままヒルクライムやレースに出ちゃう人だっているでしょう。……いずれも個人の自由ではありますが、ヒルクライムやレースに出るための体力や基礎的な筋力などのベースができているかどうかで、「身体への負担」はずいぶん違うはずです。その負担がひいては故障の原因にもなるのです。

基礎的な技術がないまま、レースに出る人が多すぎる。それがレースでの事故の多さにも繋がっていると僕は思います。カーブや下りの技術が未熟で余裕がない状態では、レース本番で身についていないことができるわけがないですよね。

ヒルクライムレースの山の頂上で感じる達成感。それは素晴らしいものだと思いますが、体力不足、技術不足の段階で達成感を得た！　と満足するのはちょっと早すぎると思います。

大人の自転車乗りこそ「反復練習」が大切

「反復練習」という言葉が好きです。

反復練習とは上手になるために行うこと。反復練習の結果、「身につく」のです。「身につく」とはすなわち「無意識にできるようになる」ということです。

僕が見る限り、自転車に乗っている人に最も足りないものが、技術を身につけるための「反復練習」です。野球の選手なら、素振りから始まりバントや走塁、ダブルプレーを取る練習を何度も何度も繰り返します。サッカーの選手だって同じように何度も何度も繰り返し同じプレーを練習するでしょう。ゴルフだって卓球だってテニスだってみんな同じです。

反復練習とは、身体の隅々まで神経を行き届かせ、脳に体の動きをインプットする作業であると僕は思っています。「反復練習」をして身につけない限り、どんなスポーツでも無意識に体が動くようになるはずがありません。自転車も同じです。

「自転車が好きだから」「自転車は楽しいから」

自転車に乗る目的を聞くと一番多く返ってくる答えは「エクササイズ」でも「トレーニング」でもなくて、ほとんどこれです。楽しいから、好きだからなんです。レースに出ている人も出ていない人も、楽しいから、好きだから自転車に乗るんです。

やまめの学校に来てくれる生徒さんは、きっとそこに「もっと」という言葉をつけ加えたくてわざわざ安曇野《あずみの》に来てくださるのだと僕は思っています。

だから「もっと」上手に走れるようになったら、「もっと」楽しくなるよ、「もっと」好きになるよ、と僕は教えたい。速く走りたい人にも安全に走りたい人にも「もっと」速く、「もっと」安全に、と生徒さんのリクエストに「もっと」という言葉をつけてあげることが僕の仕事だと思っています。

自転車の「反復練習」はとても楽しいです。

不安定な2輪の乗り物に手・お尻・足の三点でバランスを取って乗り、それを常に安定した状態に保つこと。エクササイズが必要な人にも、トレーニングが必要な人にも欠かせないのが、この自転車を操れるようになるための「反復練習」です。自転車を自在に操る難しさは、他の道具を使うスポーツの比ではありません。難しいことに挑戦するのは本当に面白い。簡単にできてしまうことなら誰でもすぐに飽きてつまらなくなってしまうでしょう。「毎週末100キロ走っています」と言う人も、これからはライドだけでなく反復練習をぜひ取り入れてください。

これから説明する宿題は、「反復練習」の仕方とその「意味」です。頭では理解したつもりでも、実際にやってみると、身体が思いどおりに動かないもどかしさを感じたり、簡単に思えたことがまったくできなかったりと、ショックを受けることもあると思います。

でも「とてもできない」ような「難しい」宿題ではなく、「これならできる」と思えるような「簡単」なことですから、リハビリが必要な人も、エクササイズが目的の人も、トレーニングの方法が知りたい人も、もっと楽しく自転車に乗りたい人も、落ちこぼれたくなければ宿題は必須です!!

ちゃんと宿題をやらなくてはいけない理由も、宿題をやればどんなご褒美があるのかということも書きましたので、ぜひがんばってください。

2 やまめの宿題 ―自分でできる練習方法―

フラットペダルと普通の運動靴で始めよう

僕が「やまめの学校」で教えているのは後ろ足に荷重しない乗り方ですから、引き足を使う必要がないため、ビンディングペダルでなくても問題ありません。そしてフラットペダルでも足を踏み外すことのない乗り方です。ですから、特に初心者の人、ビンディングペダルがまだ自在に外せない人は、フラットペダルと普通の運動靴で練習したほうがよいと思います。

やまめの学校の宿題ではスピードを出すことはありませんが、とっさにどちらの足も外せなくては、かなり「怖い思い」をすることは間違いありません。また普通の運動靴を薦《すす》める理由は、自分の体重が足の裏のどこに掛かっているかを感じ取りやすいということと、失敗して足を踏み外してもカーボンソールの硬いシューズより安全だからということもあります。

フラットペダルなら足は自由ですから、姿勢を変えると体重が掛かる足の裏の場所が変わることにも気がつきますし、体重が掛かっている場所とペダルの位置がずれているなと分かれば、容易に足を動かして修正できます。

常に拇指球《ぼしきゅう》に荷重が掛かっているか。かかとに荷重が掛かってしまっていないか。足の裏の荷重の感覚が分かるようになると、今自分のフォームがどうなっているのかを知ることができます。「きれいなペダリング」ができているかどうかも、常に正しい場所に荷重できているかどうかが大きくかかわっています。ベテランサイクリストならば、どこにペダルのクリートをつければ一番効率よくペダリングができるのかを容易に感じ取ることができるでしょう。また、左右のペダルとペダルの間隔（Qファクター）を決めるのにも、フラットペダルは非常に役に立ちます。

ビンディングペダルの上から装着してフラットペダルのようにするカバーもありますから、もうビンディングをつけている人も、初めて宿題に取り組むときにはぜひフラットペダルで取り組んでみてください。

宿題1 ケンケンしてごらん

ケンケンしてごらん！　と言われて、「何それ？」と思う方は多いかと思いますが、片足ケンケンには「やまめの学校」で教えている「動作の基本」のすべてが詰まっています。

人によっては、スポーツバイクでケンケンをしてはいけないとか、自転車が壊れると言う人もいますが、僕は「ケンケンができないと絶対にダメ!!」と教えています。

では皆さん、片足ケンケンできますか？　ビンディングペダルを使っている人は、ビンディングペダルを嵌《は》めた状態でできますか？

何も説明しないで「ケンケンしてみてください」と言うと、面白いことに9割以上の人は自転車の左側に立って左足をペダルの上に乗せたケンケンをします。

では、今度は反対側でケンケンしてみてください…反対側のケンケン、ものすごく怖くないですか？　皆さん、一歩も動けないのではないでしょうか。

日本人の場合、左側のケンケンは問題なくできる人が多いのですが、右側のケンケンは怖くてできない人がほとんどです。この傾向はロードバイクに乗っている人に顕著で、初心者でもベテランサイクリストでも変わりません。

左はできても右はできない…なぜでしょうか？　それは、皆さんの習慣が関係しています。

五章の5「正しいカーブの曲がり方」（P175〜）を思い出してください。いつも左側の足を外して左足を地面につく、その習慣が左側しかケンケンができない理由です。それに、苦手な側でケンケンしようとすると、怖くて腰が引けてしまって背中が丸まり、地面についている足に荷重が残って動けなくなってしまうことも原因の一つです。地面に残っている足に荷重が乗った状態で自転車が動き出せば、股裂き状態で転びそうになるし、硬い靴を履いて前側の足がビンディングペダルに固定されていたら…怖くて当たり前です。

ケンケンができるようになるには、ペダルに乗せた前側の足だけに荷重することと、足の反対側のハンドルを押す手に正しく荷重することができなくてはいけません。さらに言えば、骨盤の角度も後ろ蹴りができる正しい向きになっていなくては、後ろに蹴って前に進むこともできません。カーブだけでなくケンケンまで…ホント、習慣って怖いですね…。

ケンケンで自転車のあらゆるバランス感覚が身につく

「ケンケンなんてできなくたって自転車には乗れる！」と言われてしまえば確かにそうなのですが、僕が教えているのは「ちゃんと」自転車に乗る方法なので、もう少しおつき合いください。

なぜ左右両側でケンケンができなくてはいけないのでしょうか？　それは「ちゃんと」した立ちこぎができるようになるためにケンケンが必要だからです。

ケンケンでは自転車を傾けないとまっすぐ走ることができません。左側のケンケンならペダルに乗った左足の荷重と、ハンドルを押す右手への荷重でバランスが取れています。右側の場合は、右足と左手で同じようにバラ

案外できない人が多いケンケン。特に右足はたくさん練習しよう。

ンスを取るのです。

ケンケンから自転車に乗って立ちこぎをすると、自然に自転車を左右に振れるようになるはずです。このときの姿勢は、五章の4「正しい立ちこぎ」（P170〜）で説明した「揺すられても大丈夫な姿勢」です。片足に荷重を掛けたら反対側のハンドルにも荷重を掛けることでバランスが取れ、自転車がまっすぐに走るようになるのです。しかも軸がぶれずに腕も足腰も自由に動く状態で、です。

ケンケンができない人を前から見ると、ペダルを乗せている足のほうに自転車が傾いているか、またはまっすぐのままで、腰が引けて地面についている後ろ側の足に荷重が乗っていて腕が伸び切っている…。骨盤は背中が丸まっているために後ろに倒れ、足が出る方向は後ろ蹴りではなく前蹴り…。そんな状態では絶対にバランスは取れていませんから、まっすぐに走れるはずがありません。

自転車はシンメトリー（左右対称）な乗り物だとよく言われますが、左右のケンケンができていない時点で、自分の乗り方はすでにシンメトリーにはなっていないんだ、ということに気がついて欲しいです。

ケンケンは立ちこぎができるために必要だと書きました。

立ちこぎでは、自転車を左右に振らなければペダルとハンドルの荷重のバランスが取れません。それがハンドルのふらつきの原因です。

さらに立ちこぎで自転車を左右に振らなければ、頭の重さがまともにハンドルに乗ってしまい、ペダリングする足に荷重が乗りません。

人間ですから必ず癖はありますし、利き腕・利き足もあります。それを反復練習で克服してシンメトリーに近づけていくことを、やまめの学校では教えています。

これが、ケンケンが両側でちゃんとできるようにならなくてはならない理由です。ケンケンができるようになることで得られるものは、自転車に乗るために必要な姿勢や荷重、バランス、足を出す方向といった、とても重要なことばかりなのです。こんなに大切なことを学べるケンケンを「してはいけない」と言うこと自体、僕には意味が分かりません。ケンケンはとても大切な宿題です。ちゃんと両側でできるようになってくださいね。

宿題2　7時の横に足をつこう

止まるときの足のつき方、考えたことはありますか?

フレームを跨《また》ぐような格好でサドルの前に降りて、左足をつく人はいませんか。そのように降りている人の特徴は、右足のふくらはぎにギヤの形の汚れがついていることです…。しかし、この足のつき方だと、乗るときに片側のペダルだけに体重が乗ってしまうので危険ですし、サドルの先端にウエアが引っ掛かったり、すそが汚れたり、すぐにペダリングができないのであまりスマートではありません。

　一章の6「踏まずに回るペダリングをしよう」（P38〜）で説明した1時7時のペダリングを思い出してください。効率よく止まるには、7時の位置でブレーキを掛けて、7時の位置の横にペダルから外した足をつけばよいのです。ペダルに乗っている反対側の足は1時の位置に上がってきているので、7時の横に足をつくのはサドルに座ったままでも大変ではありません。

　7時の位置の横に足をつくことができるよ

1時7時の足で図のように止まれば、最小限の動きで走り出すことができます。

うになれば、坂道の途中で止まっても足は後方に出ているので、自転車がバックしてしまうこともありません。地面についていない足は1時にあって、サドルにも座っている状態なので、ブレーキを離せばバランスを崩すことなく、即走り出すことができます。

もちろん、1時7時ができる骨盤の角度になっていなくては、このように足を地面につくことはできません。走るときも止まるときも、基本的に同じ姿勢だということですね。これも地味な反復練習ですが、とても大切な宿題ですので必ずできるようになってください。発進するときに、パンツのすそが引っ掛かってイラっとすることもなくなりますよ。

宿題3　足をつかずに止まれますか?

やまめの学校では、バランスは「取る」ものではなく、自然に「取れる」ものだと教えています。ですから、自転車の上でバランスが取れている状態になれたら、足をつかずにサドルに座ったままピタッとその場で止まっていられるはずです。

もちろん、立って止まることも、座ったまま止まることもできなくてはいけません。

両足をペダルに乗せたまま止まるためには、自転車の真ん中に乗ることが必要です。

バランスが自然に取れる姿勢と言えば、股関節から身体を折り曲げた「おじぎ」です。そして自転車の真ん中は、ＢＢよりも少し前。つまり両足の拇指球辺りに荷重移動したおじぎで、後ろ足の荷重が抜けた状態を作り出し、そのままの姿勢で自転車に乗ればピタッと止まれるはずです。この場合もやはり足は1時7時です。

足をつかずに止まれるようになることで、車輪が止まりそうなくらい低速でカーブを曲がったり、ブレーキを掛けて止まったときでもバランスを崩すことがなくなります。常にバランスの取れている姿勢を身につけるために、この宿題は絶対に必要なことなのです。

最初は平坦な場所でブレーキを掛けた状態で静止する練習をします。それができるようになったら、今度はブレーキを離して静止してください。

さらにそれができたら、今度は少し上り斜面で同じように練習します。クランクを押し下げようとする前足に乗った荷重と、自転車がバックしようとする力でバランスが取れるようになったら完璧!!

ブレーキを掛けないで止まる練習は、上り斜面のほうがやりやすいです。急な坂でできるようになったら、急な坂を上るときの腕の曲がり方や姿勢が自然に身につくはずです。これができたら、急な上り坂でもふらつかないで、後ろ足の荷重が抜けた状態で軽々上れるようになりますよ!!

低速でできないことを高速でできるわけがありません。スピードが出ている自転車は、車輪が回っているからバランスが取れていなくても倒れないだけです。ですから「究極の低速」である「足をつかなくてもピタッと止まること」ができれば、高速になっても安心ですね。

身につけるのは簡単ではありませんが、できるようになれば他の宿題も簡単に片づいちゃうレベルになれますよ!!

宿題4　8の字練習

やまめの学校で一番有名な宿題が「8の字」でしょう。ボトルを2本、肩幅程度の間隔で地面に並べ、その間を8の字を描くように回る練習です。

8の字練習をしてみると、自分が得意な方向では自転車をちゃんと寝かせて曲がることができるのに、不得意な方向では自転車をまったく寝かせられず曲がれない、ということに気がつきます。不得意な方向とは普段足を外さない方向、つまり右回りが苦手な人が多いということは予想がつきますね。

五章の5「正しいカーブの曲がり方」（P175～）で書きましたが、8の字練習の目的は、低速でも高速でも自転車を「寝かせて」曲がれるようになることです。そのためには、曲がる方向の腕をぐっと伸ばします。自転車を立てたままハンドルを切ってゆっくりと回っても、練習の意味がありません。

ある程度できるようになったら、8の字で曲がりながらボトルの間を抜けるときにブレーキを掛けて止まってみてください。このときもバランスを崩すことなく止まることができるようになったら、軸が狂わなくなってきたと判断できるでしょう。止まるときも足は次の動作ができるように必ず1時7時です。8の字を練習するときは、最初は軽いギアから始めて、最終的には一番重たいギアでもできるようになってください。

8の字練習で分かる正しいポジションとカーブのコツ

ロードバイクの場合、ハンドルのポジションがたくさんあるわけですから、下ハンドルやブレーキのブラケットを持った状態でも同じようにできなくてはいけません。

8の字練習をすると、ハンドルが持ちやすい場所にないと、非常に曲がりにくいことにも気がつきます。どこを持ってもコントロールがしやすいハンドルの位置はどこなのかということに気がつけるので、ハンドルやサドルのポジションも自然に分かるようになります。

　低速で8の字を描いてみると、外足をピンと伸ばした、いわゆる「外足荷重」だとまったく曲がれないことにも気がつきます。低速だろうが高速だろうが、どんな速度のときも同じようにバランスが取れた姿勢で曲がれるようにならなければいけません。ペダリングしながら曲がっても、低速の8の字でしたらペダルを地面に擦ることはありませんから、車で言えば「アクセルを開けた状態」で小さく曲がる練習が可能です。

　自転車でカーブを曲がる難しさは、足を止めた状態、車ならアクセルを開けられない「ギアをニュートラルに入れた状態」でカーブを曲がらなくてはいけないところです。自動車やモーターサイクルでカーブを曲がって

やまめの学校名物と言えば「8の字」。教室ではちゃんと回れない人、多数！

いるときに「ギアが抜けてニュートラルに入っちゃった」状態になったら、きっとパニックになるでしょう…。自転車は「ギアが抜けちゃった」状態でカーブを曲がらなくてはいけないので、物凄く難しいということも分かっていただけるかと思います。

最初はアクセルを開けた状態、つまりペダリングを止めないようにして8の字を練習して、最終的には「いつでもアクセルを開けられる姿勢」で足を止めて曲がれるようになってください。いつでもアクセルを開けられる足の位置は、1時7時の位置だということにも自然に気がつけるはずですよ！

これも、これまで説明してきたのと同じ姿勢で宿題をこなせば良いので、特別難しく考えなくてもできるようになるはずですよ‼

3 走るときに心掛けたいこと

エクササイズやフィットネス目的の人と、ホビーレーサーやプロレーサーでは、走り方も練習の仕方も違うと思いますが、やまめの学校では、どんな人でも先に書いた宿題が必須であると教えています。レースに出ている人であればできて当たり前。プロ選手や実業団レースを走っている人であれば、それを人に教えられる「見本」になれて当たり前だということです。

自転車の基本操作をまったくできない人がレースに出るということは、無免許運転の人が高速道路を走っている状態となんら変わりはありません。ルールも知らないし腕もないわけですから、事故が減ることはないでしょう。

自転車が流行《はや》るということは、それだけ多くの人が路上に出るということです。本来教習所でまだ練習が必要な人も、たくさん路上に出てきて走っているのです。教習所で練習が必要な人も、お金を払えばレースに出ることができてしまう…初心者の人を気軽にレースに誘う風潮も、何でも自己責任という言葉では片づけられないのではないでしょうか。

自分が痛い思いをするのは勝手だとしても、人に怪我をさせてしまう可能性も非常に高いですし、スキルのない状態で路上に出たりレースに出たりするのはいかがなものかと思います。あまり事故が多いとレースやイベントを開催することすらできなくなってしまう可能性だってあるのに…。

正しい姿勢で、補給を忘れずに

走る前の準備と心構えは分かっていただけたとして、では走っているときにどんなことを心掛ければよいのか。

何度も書いてきましたが、やまめの学校で教えている乗り方は背中を丸めません。ですから常に前を見ながら走ることができるはずです。イチロー選手が守備についている姿勢を理想としている理由も、常に前を向いていて素早く動くことができるからです。

ヒルクライムが好きな人もたくさんいると思いますが、走りながら周りの景色を見る余裕はありますか。サイコンばかり見ていたり、背中を丸めて地面ばかり見てはいませんか。背中を丸めなければ、しっかりと顔を上げて前を見ることができるはずです。顔を上げてしっかり前が見えれば、胸が広がり呼吸も楽になりますし、後ろ足の荷重も抜けるはずです。そして何より安全に走れます。

走るときは、できれば一人ではなくて仲間と一緒に走って欲しいです。有酸素運動をするならば、酸素をたくさん身体に取り入れなくてはいけません。一番自然で誰にでも簡単にできる有酸素運動の呼吸法は「しゃべること」です。仲間と一緒におしゃべりしながら走れば、無意識に呼吸をすることができるので、有酸素運動としては最高ですよね！

自転車に乗って美味しいものを食べに行くのも楽しいですよね。自転車で走っているからと、普段飲まないような甘いドリンクやジェルばかり摂るのではなく、食べたいものを食べればよいと僕は思います。

気持ちの良い季節に自転車に乗ると、汗をかいていることに気がつかないことがあります。ついつい水分補給や、汗で出ていった塩分の補給も忘れがちです。走りながらボトルに手を伸ばすことができない人もたくさんいますが、片手を離せないのであれば、マメに止まることをおすすめします。そのときに水分補給をすればよいですし、マメに止まることは回復の早い心肺を作ることにもなりますから。

お腹を凹ませて背中を丸めた姿勢では、水も食べ物も喉を通っていきませんし、ボトルに手を伸ばすだけで頭の位置が変わってしまいますから、走りながら補給を摂るときも、姿勢を変えないことを心掛けると良いでしょう。

レースに出る人であっても、水分補給をせずに走り続けることはできないでしょうし、食べ物を口にしないで長距離を走り続けることはできません。

選手だった頃、長距離を走りに行くときには、ジャムや練乳をたくさん塗った食パンを背中のポケットに入れて、ボトルの中身は水でした。お金がなかった時代なので、パンと言ってもパンの耳でしたが…。毎回同じだと飽きるので、たまにハムを入れたりして贅沢な気分を味わっていました。結構いろいろ工夫していた記憶があります（単に貧乏だっただけと言えばそれまでですが…）。コンビニで使うお金も、毎日走っていると結構馬鹿にならない金額になるので…。

幸い安曇野という土地は、美味しい湧き水が飲み放題なので、真夏でも飲み物に困ったことはありません…というよりも、どんなドリンクよりも美味しく感じますよ。

どれだけ補給すればどのくらい走れるのかは、繰り返し走ることで自然に分かるようになります。走っていてすぐにエネルギー切れになるようでは、まだまだ身体ができていないということです。

楽しんで走ることが一番大事

しゃべりながら仲間と一緒に走ることは、

…同じような症状の人は、第三章「やまめの身体作り」から読み直そう。

有酸素運動をするためにはとても大切です。ただ、一人で走ることもとても大切です。

選手だった頃、アルバイトをしながら競技をしていたので、他の選手が練習から帰って来る午後遅い時間からしか走ることができませんでした。長いときだと午後3時頃から夜の9時頃まで走ったりもしていました。でも、いつも長い時間一人で走っていると、その中に楽しみを見つけるようになり、それほど苦痛に感じたことはありませんでした。真っ暗な峠を上ると、昼間よりも楽に速く走れることを発見したり、立ちこぎだけでどこまで行けるかとか…結構楽しんでいましたよ。

土日は仲間と一緒なので、ものすごく楽しくリラックスして走れた記憶があります。ある程度金銭的に生活が安定して、一人で走る時間と仲間と一緒に走る時間をバランスよく配分できるようになってから、成績がグッと伸びました。ご参考まで…。

やまめの学校で教えているのは「人の力を使わず一人で走っても速く走れる」ようになる走り方です。せっかく仲間と走っても、千切り合いだけしていては力はつきません。また、きつく激しいインターバルトレーニングばかりでは、力んでフォームが崩れたり、「力の抜き加減」が身につきません。

自分の時間割を作って、無理はしないで

人によって生活のサイクルは違いますし、自転車に求めているものも違います。自分が自転車に乗る目的と、生活のサイクルや周りの環境をしっかりと把握した上で、自分なりの「時間割」を作ってみてはどうでしょうか。

雑誌に書いてあるトレーニング方法に無理やり生活を合わせるのではなくて、自分自身が工夫して無理のない範囲で「時間割」を作ってみてください。

息を吸いやすいように、食べ物が喉をとおりやすいように、前を見やすいように、ペダリングがしやすいように、自分で考えて、感じて、工夫してきた結果が「やまめの学校」です。自転車に乗っているときも乗っていないときも、常に工夫することは絶対に忘れないでください。

毎日自転車に乗らなくてもよいのですから、乗れない日は他のことで代用すれば良いのです。休日に家族と過ごすことも、立派な環境作りですよ。

ということを書いて、「やまめの宿題」の結びとします。

あとがき

面と向かって直接生徒さんに「見せて教える」のと、文章にして「書いて教える」のでは、書いて教えるほうが圧倒的に難しい。普段やまめの学校で教えていることを正しく伝わるように文章にすることが、これほどまでに難しいとは思いもしませんでした。

正しく自転車に乗ることを教えている者として、書いたことが正しく伝わるかどうかを考えると、なかなか原稿が進まず、関係者の方々には多大なるご迷惑を掛けたのではないかと…。

やまめの学校で教えていることを、本に書くということは、自分の仕事の内容を公開することであり、「稼ぐための術」を公開することでもあります。しかし、技術というものは、特許が切れて公開され、広く使われるようになって、より良いものに発展するものだと僕は思っています。時間が経ってからしか公開されることのない技術であれば、それだけの時間、技術の進化が止まってしまう。それは決して僕の望むところではありません。

僕がこの本に書いたことは、子供の頃に父親が空手で教えてくれたことそのものです。父の教える空手は、他の空手の道場とはまったく違うもので、柔術や合気道のような身体の使い方をする、いわば「特殊な空手」だったのでしょう。しかし父の下には、テコンドーのチャンピオンや他流派の師範が身体の使い方を習いに来たりしていて、その人たちは父の教える「特殊な空手」に何らかのモノを感じていたのでしょう。

その父親は僕が20歳のときに亡くなりました。

父親の遺品を整理したときにたくさん出てきた、空手の技術を書いた原稿のようなもの。おそらく父も、何らかの形で、自分の教えている技術を残そうとしていたのだと思います。

僕の母親は僕が17歳のときに亡くなりました。

母親と過ごした時間は非常に短かったのですが、自分が病気でも、いつも明るく笑っている前向きな人でした。僕が笑いながらレースを走っているのは、間違いなく母親の血を引いているからなのでしょう。

僕は行き当たりばったりで生きてきた人間です。何も考えずに北海道から出てきて、流されるまま選手として自転車に乗ってきました。行き詰まりそうになると、不思議なくらいに誰かに助けられ、拾われ、今ここで生きています。

マウンテンバイクの父、ゲイリー・フィッシャーに出会えたことも、彼が作った29erに出会えたことも、トレック・ジャパンの前社長であるフィリップ・マッグレイドさんが、レース会場で僕を「拾って」くれなかったら、絶対にありえなかったことでしょう。

この本を作る作業をしてくださった方々が、全員やまめの学校の生徒さんであったことは、初めて本を書く僕にとって、とても心強い支えとなりました。

執筆のきっかけを作ってくださった高千穂遙先生。先生に出会えなければこの本が世に出ることは絶対にありませんでした。本当に感謝しています。

僕の原稿を整理してくださった内田理恵さん。本文イラストを描いてくださった田中としひささん。お二人が生徒さんで本当によかった。

小学館の荒木淳さん、庄野樹さん。原稿がいつも遅れてしまい申しわけありませんでした。

僕に色々なことを気づかせてくれた、やまめの学校の生徒さん。

北海道でMTBレースの灯火を守り続けてくれているDoRideの佐々木和彦さん。

いつも僕を温かく迎えてくれる北海道の仲間たち。

高校生だった僕を練習に連れ出してくれた、厳しい師匠の坂口佳之さん。

行き詰まったときに、手を差し伸べて助けてくれた方々。

行き当たりばったりの僕を、快く長野に送り出してくれた姉ちゃん。

そして、やまめの学校と僕を、いつも陰から支えてくれている妻の千絵。

人間の自然な動作を教えてくれた息子の純と蛍。

あなたたちに出会えなければ、今の僕はここにいません。

本当に感謝しています。

お父さん、お母さん、みんなのおかげで、あなたたちの思いをやっと形にすることができましたよ。

いつも僕たち家族を見守ってくれてありがとう。

堂城　賢

解説

高千穂遙

単行本刊行から三年。『自転車の教科書』が文庫化されることになった。

わたしくらいの年齢になると、たったの三年という感覚だ。しかし、ある意味、大変動の三年でもあった。

かつて、やまめはほとんど異端に近い存在であった。いわゆる「ラクダのこぶ」が全盛だった時代だ。ハンドル幅は狭く、サドルとハンドルの落差も大きく、脚を前に蹴りだすようにして乗る。そういうポジション、乗り方が主流となっていた。

そこにやまめが出現した。衝撃的であった。いまでもそうなのだが、教わった人の多くがブログやSNSなどで「これまでとは正反対の技術」「まったく違う乗り方」と書いてしまうやまめ乗り（当時の呼称）は、キワモノ的扱いを受けることとなった。

たしかに、雑誌初登場時のやまめ仕様の自転車形状は、相当に異端であった。いまのそれとは、かなり違う。いや、明らかに別物だ。が、その理論、わたしとしてはうなずくものが多かった。ひじょうに論理的で、人間工学にかなっているのではと感じた。そこで、記事を参考に自分なりのアプローチで試してみたが、これは大失敗だった。見様見真似でなんとかなる技術ではなかった。

やまめ乗りをはじめて知ってから二年近くが過ぎ、ようやくわたしが安曇野を訪れて校長から直接指導を受けることができたとき、やまめの技術はみごとに変貌を遂げていた。一言でいえば、自転車の形状がふつうになっていたのである。ただし、技術はべつだ。より洗練されていた。独特なものであることにはまったく違いがなく、それは、これまでの常識を完全に覆す乗り方だった。

その後、二度三度と通ううちに、技術はさらに変わっていった。校長が、停滞をいっさい肯《がえん》んじなかったからだろう。自身で疑問点を見つけ、それを修正する。指導することがイコール点検作業だ。校長の言葉をお借りすると、こうなる。

「教えても、できない人がいる。なぜできないのか？　なぜそうなるのかを考えてしまう。考えて考えて、その理由が閃《ひらめ》く。そうか、そういうことだったのかとわかり、技術を手直しする。新しい技術を取り入れる。日々、その繰り返しです」

自転車の見た目も、そのふつう度がいっそう増した。いま、校長の指示どおりにパーツを交換してポジションを変更しても、自転車の形状は市販されている完成車のそれとほとんど差がない。実際は、いろいろと異なっているのだが、一瞥した限りでは気がつかないレベルだ。乗った姿勢もきわめて自然で、違和感が生じない。

近年、テレビで放送されているヨーロッパのレースの光景に変化があらわれた。ラクダのこぶフォームの選手たちの中に「これ、やまめだよね」という感じの、背中をまっすぐにしたフォームの選手が増えてきた。

背中がまっすぐといえば、日本人でよく知られているのは新城幸也選手だ。かれは膝もややひらき気味で、特異なポジション、フォームと言われてきた。だが、いまはもうそれが特異であるという印象は希薄になった。サーの称号を得ているブラッドリー・ウィギンスなど、トップクラスの選手のフォームもそれに近いものになっていたので。

そもそも日本人と欧米人では骨格が明らかに異なっている。欧米人は何よりも手足が長い。とにかく長い。だから、日本人と欧米人とでは、自転車のサイズを完璧には共通化できない。欧米選手のそれに合わせると、間違いなく日本人体形では無理をすることになる。当然といえば、当然なのだが、じゃあどうすれば合わせられるんだと問われると、返答に窮する。日本人の短足胴長体形に即したポジションやフォームの研究があまりおこなわれてこなかったからだ。

その問いに明確な回答を与えたのが、やまめの乗り方である。自転車のパーツを選び、各部分のサイズをこう調整すれば、典型的日本人体形の人でも常に自転車の重心に乗っていられる。技術もこうすれば、無駄な力を使うことなく自転車を前に進ませることができる。こういった練習をすれば、自在に自転車を操れるようになる。

安曇野のやまめの学校に行くと、誰もが校長自身の実技指導により、そのあるべき姿を目にする。訪れたほとんどの生徒が口にする言葉がこれだ。

「目からうろこが落ちた」

落ちてしまうのである。それも一枚ではない。四枚か五枚くらい。いや、もっとたくさんかな。

先にも述べたように、やまめの学校の指導は行くたびに変化する。ポジションも技術も、少し前とは大きく変わってしまったりする。教わるほうは、しばしばとまどう。これは事実だ。しかし、その底流にある思想は不変である。常に正しく重心に乗る。これだけだ。これをどう、学んだ生徒すべてがマスターできるようにするか、焦点はそこにある。ゆえに、指導が変化するのだ。これは変移する環境への対応。つまり、明らかな進化である。

やまめ乗りは、名称もおじぎ乗りに変わり、本書が世にでたときから、圧倒的な進化を見せた。だが、基本はそのままだ。自転車の乗り方を徹底的に学びたいあなたは、まずは本書で基本の「き」の字を知ろう。つぎに、実技指導を受けて、机上の知識を実際に使える技術へと移行させる。ここは、とくに重要だ。机上の知識のまま思いこみで技術練習をすると、必ずあらぬ方向に行く。それをやってしまったわたしが言うのだから、間違いない。誤解による自己流練習は百害あって一利なしだ。ときどき、本だけを読んで「やまめってこんな感じだろ」と言っている人に会う。残念だが、その乗り方はほぼ百パーセント、やまめのそれではない。

もう一度、書いておく。本書は基本の「き」だ。やまめの技術を学ぶと決めた人は、まず本書を読む。省略してはいけない。教科書をしっかりと読みこみ、そして授業に臨む。この過程が絶対に必要だ。すると、実技講習を受けて「ああ、これはこういうことだったんだ」とか「そうか、こうやらなくちゃいけなかったんだ」とか「こんなコツが見えてなかったんだ」といったことがわかり、その瞬間にただの知識が技術へと変身する。そして、目からうろこがはらはらと落ちていく。

なので、本書を何度も読むのは必須である。読んで読んで読みまくり、本書に沿ってしっかりとからだを動かしてみた上で「もっと学びたい」「本気で教わりたい」と思ったら、実技講習を予約しよう。それが、あなたの長い自転車生活をより豊かなものにしてくれる最初の一歩だ。

わたしが体験したすばらしい出会いが、あなたにもあることを心から願っている。

〈たかちほ・はるか／作家〉

本書のプロフィール

本書は、二〇一三年四月に刊行された小社単行本『自転車の教科書』に加筆し、文庫化したものです。

小学館文庫

自転車《じてんしゃ》の教科書《きょうかしょ》

著者 堂城《たかぎ》 賢《まさる》

二〇一六年六月十二日 初版第一刷発行

発行人 菅原朝也
発行所 株式会社 小学館
〒一〇一-八〇〇一
東京都千代田区一ツ橋二-三-一
電話 編集〇三-三二三〇-五九五九
販売〇三-五二八一-三五五五
印刷所――――中央精版印刷株式会社

ISBN978-4-09-406304-2